Nach sinnlosem Umherziehen und Ausprobieren ist Frank also beim Schreiben gelandet. Eigentlich hatte er vor über 20 Jahren schon mal was in die Richtung versucht. So geht und dreht es sich um seine Fragen, Situationen und Kollisionen mit seiner Umwelt und den Zweifeln. Job, Musik und Frauen treiben ihn dabei genauso an als auch zur Weißglut.

Frank Nihil – veröffentlichte vor seinem Erstling „Essay oder Stirb" auf kleinen Blogs und in kostenlosen Szene-Heften aus Karlsruhe und versucht, nicht ganz so viel zu trinken, seinen regulären 8-Stundenjob, so gut das eben geht, zu vergessen und nebenbei was aufs Papier zu bringen.

FRANK NIHIL

**Über alles und nichts
und das
verfickte Dazwischen**

© 2017
Herstellung und Verlag: BoD – Books on Demand,
Norderstedt.
ISBN: 9783744829847

Umschlaggestaltung in Zusammenarbeit mit
seekanddesign / handmade edition.
Die Texte wurden zwischen Februar 2014 und
Dezember 2016 verfasst.
„Komme was wolle" und der Text
„Über alles und nichts und das verfickte Dazwischen"
erschienen zuvor in der Provinz-Postille.
Vielen Dank an meine Lektoren.

franknihil.de

Immer das selbe

Schreiben, musizieren, designen und dichten, meistens eher schlecht als recht, dafür meist gut am Saufen und am Träumen von so allerhand wie ausverkauften Hallen, Buchverkäufen en masse, Weltfrieden, Erfolg bei Frauen, von Erfolg generell, von der Unbeschwertheit der Jugend, aber auch von ganz Banalem wie Ausschlafen, von 25- jährigem Canadian Club, oder Arbeit, die einem nicht in die Quere kommt. Wie immer.

Ein arbeitsfreier Tag - voll bezahlt, ist das Größte und heute lege ich einen ein. Die bekloppten Tasten müssen bedient werden, mein Kopf muss bedient werden, nicht der Geldbeutel meiner Vorgesetzten.

Da sitze ich also, vor meinem kleinen 60x60cm großen Tisch, in dieser dreckigen und stickigen Heizzentrale und tippe was das Zeug hält.

Wie alles dazu führte und zusammen spielte, um an diesem Ort zu stranden, frage ich mich des Öfteren, obwohl ich genau weiß, was vorgefallen war – es wurde in der Vergangenheit immer der leichtere Weg gewählt. So einfach. Und mit diesem Wissen, und dass es durchaus Orte gibt, die viel viel schlimmer sind, kann ich das für mich gut vereinbaren.

Wer sagt denn, dass Arbeitstage perfekt sein müssen? Hauptsache es ist im Winter warm, wie hier in meinem Winterdomizil *(die Heizzentrale)*. Wenn darüber hinaus keiner was von mir will, beschwere ich mich sicher nicht. Ich wäre ja bescheuert. Manch einer oder eine muss mit Arbeit eingedeckt sein. Wenn er oder sie meint – dann bitte.

Ich finde Langeweile hat nur Vorteile. Nicht immer der Krieg leitet den Fortschritt ein, in ruhigeren Zeiten werden nur gechilltere Ideen geboren. Im Kalten Krieg wurde z.B. der Grundstein für das Internet gelegt. Und was haben wir davon? Die Vernetzung von hirnlosen Volldeppen. Was noch fehlt sind Fackeln und Mistgabeln. Was? Die haben Fackeln und Mistgabeln und Facebook. Wer hätte gedacht, dass dieses Dreiergespann zustande kommt?

Entspannte und besonnene Zeiten sollten gesetzlich verordnet werden. Oder wie wäre es mit Steuererleichterungen für gelassene

Menschen, für solche, die keine übereiligen Schlussfolgerungen ziehen und sich nicht von der Propaganda einlullen lassen? Wenn Firmen und Konzerne keine Steuern zahlen, warum nicht auch die, die etwas Ruhe in die Sache bringen und vielleicht andere zum Reflektieren und zum *„Runterschalten"* animieren? Oder man führt persönliche *„likes"* für gute Taten ein, dann würden sich mehr Menschen zusammenreißen oder sogar anstrengen, versuchen sich gegenseitig zu überbieten.

EGAL - Habe ich da ein Runterschalten gehört? Bist du wahnsinnig? Der Markt will bedient werden, die Zahnrädchen, unter die wir selbst geraten, müssen stramm ineinandergreifen - sich ständig drehen und Ruhepausen werden klammheimlich wegrationalisiert. Wie so oft.

Wir, die Arbeiter: Elektriker, Tellerwäscher, Gipser, Maler, Müllmänner, Putzfrauen, Gas-Wasser-Scheiße-Monteure wühlen im Dreck, sehen aus wie Dreck und fühlen uns wie Dreck.

Aber alles ist irgendwann Dreck: die 5. Staffel einer Serie und das Serienfinale erst Recht, sowie die Lieblingsbar, die nach fünf Jahren die Preise erhöht, die Nachbarn, die mitteleuropäischen Verhältnisse, die Parkplatzsituation, Kriegsflüchtlinge, Anstand; sogar unsere Krankenversicherung, die in der Regel erst am dritten Fehltag greift, der Krankenschein, der erst nach 6 Wochen Konsequenzen hat und 30 Tage Urlaub sind natürlich auch zu wenig, ohne Scheiß, so was gibt es sonst nirgends. Vielleicht geht's noch eine Nummer besser oder schlimmer oder dümmer in Schweden oder Norwegen, oder in Holland, aber wo anders ist das Gras ja immer grüner.

Was werde ich tun, wenn ich heute Mittag ausgeruht nach Hause komme? Was habe ich die ganzen Jahre so getrieben? 30 Serien in 15 Jahren reingezogen, die Meisten Kinofilme „kostenlos" gestreamt, am Wochenende 100 Euro versoffen, 10 Tage im Jahr krank ohne Krankenschein, zwei bis drei Wochen mit Krankenschein, einmal im Jahr nach Thailand und Malle. Der Kopf sollte ausgeruht und freier sein, aber genau das Gegenteil ist der Fall.

Irgendwann oder übermorgen oder in 100 Jahren wird es wieder soweit sein, wenn alles wieder unter Schutt und Asche begraben ist, muss halt wieder bis um acht auf dem Acker geschuftet werden, wie bei Oma früher. Aber bis dahin nutzen wir unsere kurze Zeit so wie wir es für nötig erachten, mit Fackeln und Mistgabeln und Facebook, oder ohne, aber bestimmt mit unnötigen Gedanken um unnötige Dinge. *(Und wenn manch einer das alles auch noch mitbekommt, also die Verdummung: doppelt doof.)*

Ja, wir hätten die Chance wie Könige zu Leben und was tun wir? Wir saufen und streiten um die Wette.

Was eigentlich einem Leben wie Könige sehr nahe kommt.

Ab geht's

Ich sitze im ICE und rase Richtung Hamburg.
Vor mir meine mittlerweile ein oder fast
zwei Jahre alten Texte,
die viel Fürsorge benötigen.

Apropos Fürsorge.
Das Leben ist ein anderes geworden,
davor war es ein
Rausch mit Pausen.

Jetzt ist sie ein Jahr alt
und sagt schon Papa und Bier.
Okay, einmal „Bier" nachgeplappert.
Ist aber egal,
die Sorgen steigen
ins Unermessliche.

Hamburg ich komme.

Zirkus

„Warum bist du abends immer so müde?"
Vielleicht weil ich seit 20 Jahren unter der
Woche jeden Morgen um 6.30Uhr aufstehe?

Mit 16 stellte ich mir das Leben um die 30
geregelt, sicher und komfortabel vor. Mit 25
ahnte ich, dass es vielleicht anders kommen
könnte, aber halb so schlimm, dachte ich. Jetzt,
mit 34, hoffe ich nur noch auf Ruhe und
Besserung und dass der Scherbenhaufen, der
sich auftürmt, schnell wegzukehren ist.

So hangelt man sich von einem Trümmerfeld
zum nächsten.

Nebenbei fällt es einem immer schwerer sich in
den 16-jährigen Trottel hineinzuversetzen und
was ihn bewegte, damals, als noch alles vor ihm
lag. Die Zeit nutzen stand ganz oben auf der
Agenda und ich denke ich habe sie genutzt, so
gut ich eben konnte, aber was hat es mir

gebracht? Außer zurückzublicken und festzustellen, dass die Zeit rum ist?

Und du, mein Fräulein, lässt deinen Frust an mir aus, weil ich trotz allem noch Spaß habe, ich über die Misere lachen kann und irgendwie immer meine Mittel und Wege finde, im Labyrinth die Wände zu tapezieren.

„Im Kühlschrank ist kein Käse, kein Gemüse und sowieso nicht das drin, was ich gerne hätte!" und „Warum gehst du schon wieder alleine aus zum Trinken?".

„Nun, wir haben einen ganz normalen Kühlschrank, keinen Zauberkühlschrank. Man muss die Dinge, die man möchte, selbst reinlegen und außerdem ist es mir völlig egal, wenn ich allein am Tresen sitze. Manchmal ist es einfach so."

„Und warum kannst du deinen eintönigen, langweiligen und völlig stupiden Job immer noch ertragen?"

„Wer sagt, dass ich das kann? Ich mache einfach nur das Beste daraus, und wer weiß, eventuell ginge es mir wo anders nicht so gut dabei.

Entschuldige, dass ich in der Manege des Lebens, zwischen hungrigen Tigern, ab und an selbst durch den Feuerring springe nur damit die nicht merken, dass ich keiner von ihnen bin."

Hexenschuss mit 30

Wir, der Mitmusiker und ich, waren auf einer kleinen Tour durch Italien im Frühjahr 2011. Vier Tage, vier Städte und ungefähr 1.800 Kilometer in meinem alten Ford Escort Kombi. Wir starteten mit einer Show bei Mailand und fuhren danach weiter nach L'Aquila *(ca. 100km östlich von Rom)*, das nach einem Erdbeben vor sechs Jahren für Tausende unbewohnbar wurde und immer noch unbewohnbar ist.

Beim Schlendern durch die Gassen von L'Aquila spürte man förmlich die Versickerung von Hilfsgeldern in Mafiakreisen. 100 Millionen wurden von der EU für Wiederaufbau und Instandsetzungen bereitgestellt. Stellt sich nur die Frage warum die Innenstadt immer noch unbewohnbar ist und die Menschen immer noch in Hütten außerhalb der Stadt wohnen? Zwar wurden die einsturzgefährdeten Gebäude gesichert, aber sonst ist nichts passiert. Der Zutritt ist verboten und vom Militär gesichert.

Wir traten an diesem Abend in einem der „Obdachlosen"-Camps auf und wurden gut gefeiert. Wir blieben dann noch eine Nacht bei Gipsy, der uns in seine Hütte einlud. Unser Rückweg führte noch ans Meer, wo unsere letzte Show war und nach 15 Stunden Fahrt durch die Nacht kamen wir wieder mal heil daheim an.

Zwei Tage lang war alles gut, allerdings spürte ich schon ein leichtes Ziehen in der Steißbeingegend. Am nächsten Morgen war es dann soweit. Ich konnte nicht mehr vor oder zurück. Ich stand da und kam mir vor wie bei einer dieser billigen Arztserien. Ich ließ mich dann unter Schmerzen zurück auf das Bett fallen um mich kurz zu entspannen. Eigentlich sollte ich ja heute wieder anfangen zu arbeiten, daran war aber momentan nicht zu denken. Ich schob mich vom Bett runter auf den Vorleger und brachte mich in eine noch bessere Lage - auf dem harten Boden entspannte es sich am besten.

Mein Telefon war in greifbarer Nähe, also rief ich meinen Chef an.

„Morgen, ich habe schlechte Nachrichten."

„Morgen, aber du weißt, dass Leute auf dich warten."

„Ja, ich weiß, aber ich liege hier vor meinem Bett und kann mich nicht bewegen. Ich habe derbste Rückenschmerzen."

„Das klingt nicht gut. Ich schicke dir jemand vorbei, der hilft dir auf."

„Ähhh, ich glaube nicht, dass ich arbeiten kann."

„Das macht nichts, du sollst nur den anderen sagen was sie machen sollen."

„Na gut, wenn es unbedingt sein muss."

So bin ich halt.

Als es an der Tür klingelte war aufstehen noch schwerer als gedacht. Die Schmerzen waren höllisch, aber ich schaffte es und machte mich auf den Weg zu meinem Chauffeur.

Gegen Mittag traf ich endlich beim Arzt ein. Eine Woche Krankenschein und zehn Massagetermine sprangen für mich heraus.

Mit dem Rücken auf dem harten Boden vor der Couch und zehn Filme später, wurde es nach drei Tagen endlich besser.

Immer mal wieder dachte ich an die Menschen von L'Aquila und wie es ihnen seit sechs Jahren ergeht und was sie bewegt, dort auszuharren obwohl rein gar nichts passiert.

Diese drei Tage haben mir verdeutlicht, wie gut es ist in seinen eigenen vier Wänden zu liegen, die noch dazu mit Schmerzmitteln ganz gut was hermachen.

Immer das selbe schlägt zurück

Was bringt uns dazu, uns selbst zu schaden? Das Wissen darum, dass wir sowieso irgendwann abtreten müssen, es aber selbst in die Hand nehmen wollen? Mal wieder reinste Langeweile? Keinen Grund sich um Existenzielles zu sorgen, bedeutet, sich über einen Haufen Scheiße den Kopf zu zermartern.

Therapeuten freuen sich in Zeiten der Hochkonjunktur von sinnlosen Gedanken. Und wir müssen uns nichts vormachen, das Einnehmen von Beruhigungstabletten ist gleichzusetzen mit der Einnahme von G&T und anderen alkoholischen Konsorten.

Nach einer durchzechten Nacht kann ich morgens keinen klaren Gedanken fassen. Ich setze mich trotzdem hin und schreibe. Es läuft vernebelt scheinbar ganz gut. Also muss ein klarer Gedanke eher störend sein?

Okay.

Oder ich nutze die Zeit bis ich wieder losziehen kann auf meine ganz eigene Weise. Man kann morgens nach dem aufstehen ja nicht gleich wieder in die Bar. Klar, Menschen kann ich auch beim Lidl beobachten, aber die Welt sieht von einem Barhocker eben besser aus, lässt sich besser ertragen und natürlich auch besser vergessen.

Ähm, nein, den Einsamen muss ich nicht spielen, auch wenn es danach ausschaut, das kommt ganz automatisch. Wer hat schon was gegen eine nette Begleitung?

Zurück zu den sinnlosen Gedanken, die dich quälen, einen auf Trab halten, einen zwingen, sich endlos viele Weinschorle, Schnäpse und Zigaretten reinzuziehen ohne eine langfristige Verbesserung. Wie bescheuert ist das eigentlich?

Solange wir nicht unsere vier Wände anstarren, sondern den Barspiegel, beide Hände beschäftigt sind, mit Abaschen und Nachgießen und wir mit vernebeltem Kopf ab und zu mal lachen, solange denken wir eben nicht ganz so viel nach.

Game Of News

Vier Jahre lang hatte ich keinen Fernseher gebraucht. Warum jetzt? Ich weiß es nicht. Die magische Anziehungskraft der Couch? Die kurzsichtigen Augen, die Angst, ein Anwaltsschreiben im Briefkasten zu finden wegen illegalen Filmchen? Das kann es nicht sein.

Fernsehen ist einfach kacke, bleibt kacke und wird noch beschissener, weil in Zukunft noch mehr Müll kommt. Und die wirklich interessanten Sachen kommen unter der Woche um 23.30, wenn die meisten gerade zu Bett gehen. Super. Mediathek, toll, ja ich weiß, aber so wichtig ist es dann auch wieder nicht.

In der Bar höre ich des Öfteren die Leute über diese Überserie „Game of Thrones" quatschen, die ich auch verfolge. Muss allerdings sagen, dass es eine Überserie sein soll kann ich nicht bestätigen. Was mir allerdings auffällt: Wenn ich in die Nachrichten zappe geht es mir genauso wie bei GoT. Überall Intrigen, Krieg, Tod und Leid, zwischen Armut und Armeen die aus dem Nichts kommen, plus Städte die belagert, überfallen und besetzt werden.

Und ich? Ich hocke davor und schaue mir das Treiben an, ohne richtig zu wissen, wie es eigentlich dazu kam und warum sich jetzt alle hassen und gegenseitig auslöschen oder ihren Glauben aufzwingen wollen. Ich habe schon vor einer Weile den roten Faden verloren und das schlimmste dabei ist, es wird einem egal. Man kann noch so aufmerksam jeden Tag dranbleiben, am Ende weiß man nicht wirklich mehr als zuvor. Und wenn die eine Folge vorbei ist, kommt auch schon bald die nächste. Hauptsache es flimmert und ist gut gemacht und spannend. Den Durchblick zu haben verkommt fast zur Nebensache.

Nachrichten und Game of Thrones gleichen sich auf's Haar. Der einzige Unterschied: Der Cliffhanger am Ende der Nachrichten.

Lügen und Betrügen soll Schlau machen

Jeden Tag lügen und schummeln wir, um den Schein zu wahren, die Story am Laufen zu halten, uns besser zu machen als wir es eigentlich sind. Und, hilft es? Für den Moment durchaus, aber dann müsste man die Angelegenheit vergessen. Leider kommt die Scheiße zurück wie ein Bumerang.

Leider nicht wie der blöde Bumerang aus der Kindheit, der irgendwo weit weg landete, nein, die Sachen kommen einfach zurück.

Man kann dann eigentlich nur zwei Dinge tun: die Lüge einfach weiterspinnen, oder sich dumm stellen: „Was? Das habe ich gesagt? Nein, das kann nicht sein."

Aber dann ist man unten durch und steht für ein halbes Jahr dumm da. Okay, eine Woche. Und genau das ist einem aber nicht bewusst. Also lügen wir. Und irgendwann nagt es an einem und man trinkt und raucht bis zu Herzrhythmusstörungen.

Irgendwann denkt man, ach, jetzt habe ich so viel schon verbockt, jetzt kann ich es auch richtig verbocken und umgebracht hat das auch noch niemanden. Da liest oder hört man von einer ruhigen Hausfrau die ihren Partner erstochen hat. 43 Stiche. 3 Monate auf Bewährung.

Und das ist erst der Anfang

Wir warten bis es vorbeigeht,
sitzen es aus,
versuchen unser Bestes,
und verzweifeln
nur damit es uns irgendwann besser geht
nur damit es irgendwann wieder los geht

Eine flüchtige Berührung,
als wir etwas getrunken hatten,
ein Moment der Schwerelosigkeit
verblasst so leicht.
Wie er zum Übermut verleitet

Scheinbar überdrüssig,
mit der Schnauze voll von allem,
spülen wir die Sorgen weg
denn erst jetzt
scheint alles gut und nichts genug
und dieser Zustand

hilft - ungemein
bis zum nächsten Blick in einen Ausschnitt

Und so stehen wir
wieder mal allein,
im Dunkeln vor der Tür,
auf der Suche nach dem
Schlüsselloch

Aber so einsam,
samstags in der Innenstadt,
am Bahnhof, zur Weihnachtszeit
waren wir noch nie

Und zu guter Letzt
wurde all die Scheiße
dir wir bisher erlebt hatten
doch sowieso immer
noch

getoppt!

Lampenfieber

und Liebeskummer
hält uns auf eine ganz besondere Art
wach,
auch wenn es Energie kostet.

Es gibt uns das Gefühl
von Hoffnungslosigkeit,
von Zerbrechlichkeit
und einer tiefen Unruhe,
bringt uns an den Rand
des Verzweifelns,
des Scheiterns
und lässt uns zurück,
allein
in Scherben,
wie eine zerbrochene Flasche
am Straßenrand.

Für was?
Um zu merken,
dass wir selbst schuld sind,

es heraufbeschwören,
es so wollen
so blind und taub
und bescheuert
wie wir halt sind.

Von dem tiefsten Punkt an
kann es nur noch aufwärts gehen
sagen wir uns.
Und versuchen wir uns einzureden.
(Ich ertappe mich immer wieder dabei.)

Aber es ist doch so:
Ein Teil in uns
stirbt jeden Tag,
ein anderer Teil
kommt damit klar,
    was der Sache nicht dienlich ist,
denn am Ende
    sind wir vielleicht
                endlich eins
   mit uns,
        aber
          alt
vielleicht uralt

oder vielleicht

sogar
schon
tot.

Übel, oder?

Ich arbeite schon länger an einer Erklärung daran, warum es kein Ende mit dem Übel auf dieser kack Welt nimmt. Letztens hatte ich einen Geistesblitz: an vielem schuld ist eine gute Story.

Klingt im ersten Moment irgendwie schwachsinnig, aber gebt mir eine Chance, okay?

Achtung!

Es fängt immer klein an.

Eine gute Story wird gerne erzählt und dafür tun wir so einiges. Zuerst suchen wir die Gefahr, denn was lässt sich besser erzählen und schindet mehr Eindruck?

Das Ganze fängt in Kindertagen an.

Wir baggern die hübsche Blonde aus der B-Klasse an, machen halsbrecherische Stunts mit dem Skateboard oder rauchen die Zigarren des Vaters, inklusive Whiskey-Probe. Alles nur um cool dazustehen.

Wer entscheidet, ob die Story gut oder schlecht ist? Den Maßstab bestimmen die anderen Storys, die man selbst zu hören bekommt. Deshalb entscheidet über kurz oder lang der Freundeskreis und natürlich der eigene Verstand, sofern der schon vorhanden ist, ob man sein Leben von Anfang an vergeigt oder ob man dem schlimmsten Schlamassel fern bleibt. Einmal richtige Scheiße gebaut und... einige Leser wissen was ich meine, oder?

So ist eine gute Story an vielem Schuld und stürzt uns in unser eigenes Verderben *(wenn man die Kurve nicht rechtzeitig bekommt, denn jeder baut mal Scheiße).*

Der Worst Case, also dann, wenn alles zusammenkommt, wie null Verstand, falsche Freunde und Pech, könnte ungefähr so aussehen: Mit 12 Jahren wird Geld aus Mutters Geldbeutel geliehen, im Supermarkt Süßes geklaut, dann das Gras des großen Bruders dezimiert. Mit 16 der Nerd an der Haltestelle ins Krankenhaus geprügelt, die Tankstelle ausgeraubt oder der Penner, der im Wald wohnt angezündet. Alles schon mal vorgekommen und nur, um die Show, die Story besonders gut und glaubwürdig darzustellen.

Diejenigen, die den Storys aufmerksam lauschen sind dann irgendwann Zellennachbarn. Denn Zuhörer wollen oft mitreden und setzen sogar noch eins oben drauf. *(Bescheuert sein hat nicht im Geringsten was mit langweilig sein zu tun. Umgekehrt haben aber die Schlausten oft am wenigsten Spaß.)*

Also, fassen wir nochmal zusammen: Drogen, Alkohol und Jugendknast - alles nur um anzugeben. Um gut dazustehen, vor seinen Kumpels, um ein Gesprächsthema zu haben und sich stark und zugehörig zu fühlen. Ja? JA!

Das schlimme daran ist, dass man früher nur durch Glück oder zu viel Angst nicht da reingerutscht ist. Denkt mal drüber nach. Gute Nacht.

Unentschieden

Kennt ihr das?
Man lernt, übt,
und bereitet sich vor
so gut es nur geht
für diesen einen bestimmten Moment
und jedes Mal
bereut man am Ende
nicht noch mehr geübt zu haben

Man möchte es ändern,
man klemmt sich dahinter,
schafft es aber nicht.

Jahre später bemerkt man,
dass es egal ist
was man tut.
Man ist einfach so.
So blöd, so dumm,

so ungeschickt

und irgendwann alt.

Die Gene sind wohl an allem Schuld.

Und dann kommt der Gedanke auf,

von der Spur, dem Spiel

und das alles scheinbar vorgegeben ist,

nein, vorgegeben sein muss.

Und es schon immer war.

Kein Wunder hat sich David Foster Wallace
umgebracht.

Alles im Griff

Mit großen Schritten schreitet es voran, das Umverteilen. Nicht, dass mich das verwundert, es war absehbar, vorhersehbar, logisch. Es passiert von Zeit zu Zeit. Umbrüche kannten schon die alten Mayas. Nur damit nicht wieder die Guillotine ausgepackt wird, wurde noch ein Zeitalter der Verdummung eingeleitet. Ein einfaches Umdenken der Mächtigen, um auf Nummer sicher zu gehen und nicht wie in der Vergangenheit zu viele Aufstände, Anschläge und Revolten zu riskieren.

Gut für die, dass Fernsehen erfunden wurde. Die faszinierende und beruhigende Wirkung lässt einen behutsam einschlafen, sich halbwegs aufgehoben und beschäftigt fühlen. Wie vor 40.000 Jahren durch das Feuer. Sogar der gute Alkohol kann da nicht mithalten. So wird dem Mensch das gegeben, wonach er strebt - Unbeschwertheit.

(Stop, der Text ist schon älter und zwischenzeitlich hat sich einiges in der Welt der Medien und die sie nutzen getan. Neu ist, dass offensichtlich gelogen wird, um Meinungen zu manipulieren, Ängste zu erzeugen und Zwietracht zu säen. Und auf den Schein von Normalität und Anstand wird komplett geschissen – und das um Wähler zugewinnen – das schlimmste dabei - es funktioniert. Soviel zur Verdummung.)

Nebenbei läuft die Fußball WM 2014, Costa Rica gegen Uruguay. *(Langweilig)*

Mich zieht es auf die Couch und ein paar Brasilianer auf die Straßen und die Barrikaden. Wir wissen alle warum. Gebracht hat es nichts.

Finger weg

Nach einer ausgiebigen Sauftour wollte ich mir eine Instant-Tomatensuppe zubereiten. Draußen war es bitterkalt und der Jack, den ich den ganzen Abend über trank, konnte mich nicht genug aufwärmen. Heißhunger hatte ich ebenfalls.

Also, Wasserkocher an, den Scheiß aufgebrüht und runter damit. Ich mochte es.

Keine fünf Minuten später, schlug der Whiskey ein wie ein Fausthieb. Mir wurde schlagartig schwindelig und schlecht.

Also, Waschbecken, Kopf drüber, aber es kam nichts. Im Sitzen schlafen hat schon öfters funktioniert. Nur wie geht's ins Wohnzimmer? 36 Quadratmeter sollten überschaubar sein, aber ich konnte einfach gar nichts mehr. Im Wahn habe ich den Flur verwüstet, versucht über die umgeworfenen Gitarrenkoffer zu steigen, keine Chance. Ich kroch schließlich darüber hinweg.

Am nächsten Morgen wurde mir bewusst, was passiert war. Die heiße Tomatensuppe hatte den Whiskey in meinem Magen schneller als üblich in meinen Körper transportiert. Hätte ich das vorher gewusst, hätte ich den Suff weniger derb und um einiges billiger haben können.

Über alles und nichts und das verfickte Dazwischen

Liebe, Hass, Zuneigung, Abneigung, Star Trek oder Babylon 5 - wenn es einfach wäre Dinge zu trennen, hätten wir einige Probleme weniger.

Also zieh deine kack Regenbogenbrille ab, drück den blöden Joint aus und schieb dir ganz gemächlich dein „Alles wird gut"-Gelaber hinten rein. Wir wären einfach nicht wir ohne die grauschattiert-melierten Zonen, vorausgesetzt wir reduzieren das nicht nur auf schleimige Anwälte und Richter. Okay?

Nehmen wir einfach mal an, wir könnten ohne Zweifel auskommen, ohne Gefühl und ohne Trieb, dann wären wir vermutlich Roboter. Aber wer will das schon? Ist nicht der lästige Kampf in unseren Köpfen am Ende das, was uns ausmacht und leitet? Natürlich hält es uns auch auf und geht uns tierisch auf den Sack, aber leben wir nicht bewusster, wenn wir über eine

Entscheidung nachdenken anstatt automatisch zu handeln? Ich denke schon. Dennoch wünschte ich manchmal es wäre anders.

Brechen wir das mal runter zu den Stadträndern, zu den Vororten, wo die Straßenbeleuchtung nicht mehr ganz so hell scheint, der Asphalt schlecht ausgebessert und die Fassaden grünlich-grau sind.

Die Menschen dort haben vielleicht Spaß am Trinken, am Spielen und am Rumhängen, aber Tag für Tag wird trotzdem gekämpft. Als Elektriker mit den Kabeln, als Gas-Wasser-Scheiße-Monteur mit der Scheiße, als Sachbearbeiterin mit den Akten, als Kassiererin mit dem Band und den Waren, die einem unaufhörlich entgegenfahren und so weiter und so fort. Jeder kämpft für sich, den gleichen beschissenen Kampf, mit dem beschissenen Hauptschulabschluss, mit dem beschissenen Chef, mit dem Kater und den teuren Drinks und dem Frust und dem Neid gegenüber denjenigen, die mit ihrem frisch polierten SUV über rote Ampeln donnern.

So versuchen wir, komplett verstrahlt, nach einer kurzen Nacht auf einer 199€ Ausziehcouch, das Durcheinander im Kopf zu verarbeiten, zu sortieren und so schnell es geht in Schubladen zu stopfen. Denn dort stört es nicht weiter, es ist soweit verstaut und somit auch bald vergessen. Irgendwann, nach Belieben, holen wir sowieso alles wieder heraus, um neue, noch nie dagewesene Grautöne zusammenzumischen. Wir definieren richtig und falsch und wichtig und unwichtig so wie wir es gerade brauchen oder gerne haben. Super Sache. Echt jetzt!

Wir haben das mitbekommen und mitgenommen, von daheim, von den Alten, von den Stars und Sternchen, von Politikern und natürlich von RTL2. *(kurz bei der Werbeunterbrechung reingezappt und Gehirn verdreht - alles schon passiert!)*

Deshalb die Fragen: Werden das eigene Handeln und die eigene Meinung überschätzt? Folgen wir nicht automatisch irgendeinem vorgekauten Hirngespinst? Und sind wir so edelmütige und rechtschaffene Gentlemen wie wir das so gerne verkaufen? Oder sind wir einfach nur zu dumm, um zu kapieren, dass wir nichts kapieren?

Zumindest verdammt uns selbst zu unterliegen, sobald etwas Interessantes, etwas Reizvolles, etwas Hübsches, das wir noch nicht hatten, vorbeikommt. Und sowieso ist alles zu spät, wenn es jemand vor uns hat. Da baut sich dann die Wut auf, weil wir eben nicht alles haben können. Aber das würden wir niemals zugeben.

Vor lauter Menschsein also, sehen wir nicht, dass der SUV vielleicht gerade gestohlen wurde, der Fahrer seine hochschwangere 15-jährige Tochter zur Notaufnahme fährt oder der gute Herr Millionen für gute Zwecke spendet und völlig unbeabsichtigt über die Ampel donnert. Ist aber egal, denn wir sehen einfach den Raser, den schleimigen Anwalt, dem es bumsegal ist, weil er die Tricks kennt und genug Kohle hat, um den Strafzettel zu bezahlen. Aber spätestens bei Aldi trifft man den Fahrer wieder, denn die müssen ja auch einkaufen, aber Aldi, Lidl und Penny machen sich nicht so gut in den schicken Vierteln. Und trotzdem muss der Einkauf billig sein. Und dann, auf dem Parkplatz, sehen wir die langen Beine, den kurzen Rock und den tiefen Ausschnitt der Fahrerin.

Über den Wolken

Fortbewegen - ist das Ding des 20. Jahrhunderts. Mitten im 19. Jahrhundert auf Schienen damit begonnen, wurde es zuerst, wie so oft, verteufelt, dann weiterentwickelt, dann Kommerz. Von der Schiene ging es in die Lüfte. Der Anfang war hart, aber dem Erfindergeist sind scheinbar keine Grenzen gesetzt. Was der Mensch sich vorstellen kann, wird irgendwann entwickelt, gebaut, real.

Wir gewöhnen uns daran, als wären Erfindungen ein verlängerter Arm. Wir fliegen von A nach B, als ob Fliegen nichts weiter bedeutet als sich schnellstmöglich fortzubewegen. Dabei bietet jemand den Service an um Kohle zu scheffeln. Und sie lassen es uns so simpel, so normal, so bequem erscheinen, wie sie nur können.

Stewardessen zeigen oder spielen uns vor wie einfach es ist, sich im Notfall zu retten, nur damit wir beruhigt sind. In Wahrheit ist bisher erst eine einzige Maschine auf dem Wasser gelandet ohne zu zerbrechen(!) und das war eine kleine Maschine auf dem Hudson River *(keine Wellen)*.

Ab und an erinnern uns Turbulenzen daran, was Fliegen wirklich bedeutet. Wenn man abstürzt ist man zu 99,99% am Sack, am Arsch, einfach Matsch. *(Wie es wohl den Passagieren der verschwundenen oder abgeschossenen Maschine ergangen ist oder denen einer Selbstmordmaschine?)*

Hier im Flugzeug machen sich viele über Turbulenzen scheinbar keine Gedanken, so wie ich.

Alles für die Katz?

Als ich noch klein war
gab es kaum etwas
unspektakuläreres
als Sonnenuntergänge.

Das ist natürlich
bei vielen Jungen so,
aber jeder denkt,
dass es
für immer so bleibt.

Langsam aber stetig wendet sich das Blatt.
Gerne gesehen
ist der Sternenhimmel,
der hat mich schon immer umgehauen.
Oder Ruinen.
Wasserfälle weniger,
dafür sind Gletscher
ganz okay.

Ich mache Fotos und denke:
Voll schön!
Zugegeben,
mit geteiltem Blick,
denn ich begreife
nicht wirklich
wozu das alles gut sein soll
und warum
etwas mögen,
als schön empfinden,
wenn man gar nicht versteht
warum das hier ist,
zu welchem Zweck,
falls überhaupt einer dahintersteckt.
(Es ist einfach alles da, weil es da ist?)
In mein kleines Spatzenhirn
will das nicht rein.

Mit 16 oder 17 Jahren
denkt man,
wir leben halt um zu sterben,
oder einfach so,
                    ohne Sinn
und das ist auch halbwegs
                    okay für einen.
Aber je älter man wird
desto mehr erhofft man sich

einen Sinn,
dass eben doch nicht alles
umsonst ist
oder war
und dass es vielleicht irgendwo
und irgendwie
für uns
weitergeht.

Die Nacht, in der ich meine Lieblingsbar kaufen wollte

Mein Handy summte.

Eine SMS.

„Hey, was machst du heute Abend? Ich könnt vorbeikommen".

„Passt, bis später", schrieb ich zurück.

Wir starteten den Abend mit ein paar Bier bei mir. Dann ging es raus, über die Zoobrücke in die Südstadt, auf direktem Weg zum Werderplatz.

Das Gloria heißt jetzt schon eine Weile Iuno, aber was soll's, der Alkohol ist der Gleiche und die Leute auch, also bleibt es für uns das Gloria.

Die ganze Nacht verschwindet im Rausch.

Am nächsten Morgen ist es schwer, einen klaren Gedanken zu fassen. Das Getränk der Könige, wie ein Freund zu sagen pflegt *(also Gin)*, vernebelt uns die Birne.

Als wir an diesem Morgen die Bar verlassen mussten, wurde es schon hell. Und um 5.30Uhr bleibt nur der Heimweg, also traten wir diesen an, auch wenn es uns schwerfiel.

Marcel, mit dem ich unterwegs war und auch sonst immer gerne einen heben gehe, ist der Einzige den ich kenne der schon nachts, also noch inmitten während der Tour und noch lange bevor der Kater einsetzt, sagt, dass er gerne aufhören würde mit dem Saufen. Auf den Gedanken bin ich selbst nach dem übelsten Kater noch nicht gekommen. Und er ist der Einzige, der schon auf dem Weg zur Bar wissen will, ob ich Bohnen da habe. Zu recht, denn es gibt kaum etwas Vergleichbares gegen den Heißhunger, das auch noch schnell zubereitet ist - kalt serviert und gegen den Kater hilft es obendrein auch noch. Heinz Baked Beans, merken! Kalt!

Aber wie so oft wurde natürlich nach den Beans auf dem Balkon mit ein, zwei G&T weitergemacht, bis jeder wirklich *(und endlich)* genug hatte.

Und ob ihr es nun glaubt oder nicht oder mich dafür hasst, ich kann mich am nächsten Morgen so gut wie an alles erinnern. Zumindest an die wichtigen Dinge, was manche vielleicht auch als

Nachteil ansehen könnten. Aber da wir relativ normale Trinker sind, ohne viele Peinlichkeiten, erinnere ich mich meistens gerne an den Abend. Marcel hat da schon mehr Schwierigkeiten.

Diese Nacht verlief ohne große Vorkommnisse. Wir witzelten nur darüber, dass ich meinen Job endlich an den Nagel hängen und stattdessen diese Bar kaufen sollte. Nette Idee.

In dieser Nacht brachte der Suff mich dazu, nachzufragen was die Bar denn koste. Schade, dass sie nicht zum Verkauf stand, ich hätte sie glatt mitgenommen.

Schwarzmalen

Als es begann
mit diesem Scheiß
war ich noch jung,
wir hatten keine Ahnung,
nur eine Vermutung:
Die Welt braucht uns nicht,
aber wir die Welt.
Und wir sind gierig
nach fossilen Brennstoffen
auch wenn wir dagegen sind.

In fast jedem Gegenstand
befindet sich z.B. ÖL
oder wird daraus hergestellt.
Wir sind Teil des Ganzen.
Und wir lieben Luftschlösser,
wir wollen glauben,
an Demokratie,
an Sozialismus,

an Nazigewäsch,
an Götter,
an einen falschen Vorwand.

Es ist aber so:
es geht um ÖL
wir brauchen ÖL
Und wir bringen den Tod.
Punkt.

In diesem Leben gibt
es kein Entkommen.

Das fühlt sich gut an

Wieder so ein Tag voll sinnloser Qualen und schneller vorbei, als man gucken kann. Erst abends, auf der Couch spürt man die Gelenke und die Muskeln und das erste Bier, das gleich reinhaut. Irgendwo zwischen erschöpft und doch irgendwie zufrieden bewegt sich dieser Zustand, auch im Kopf.

Mit dem Wissen, dass der Tag, eigentlich für'n Arsch war, kann man auch nur leben, weil es jeden Monat Geld dafür gibt. Mit dem Wissen, dass es noch eine halbe Ewigkeit so weiter geht, kann man nicht leben, deshalb das Bier.

Aus der Couch heraus geschätzt sind locker die Hälfte aller Jobs sowieso überflüssig. Aber das Stillschweigen von Millionen hält die Maschinerie am Laufen und ist der Nährboden für den Verschleiß der eigenen Knochen, von Körpern und Menschenleben.

Und das alles für nix, außer ein bisschen Kohle auf dem Konto, um damit am Wochenende oder im Urlaub die Sau rauszulassen. Wahrscheinlich ist es aber so besser. Völlig ausgelaugt von der Arbeit zu kommen oder von durchzechten Nächten hilft uns dabei uns nicht noch viel öfter die Köpfe einzuschlagen. So blöd wie es klingt, aber frisch und ausgeruht und voller Elan verschwendet man einfach keinen Gedanken daran, heimzukommen um endlich die verdammten Füße hoch zu legen. Eigentlich gut so.

Finde den Fehler

Der Verkauf von „Essay oder Stirb"
läuft mehr als schleppend.
Was soll's,
leg ich gleich noch eins oben drauf,
wenn der Laptop
schon mal aufgeklappt ist.

In der Musik ist kaum was los
die Kunst schlummert auf dem Rechner,
vor sich hin.
Nebenbei geht's wie gehabt
zur Arbeit.

Heute Abend geht's raus.
Saufen steht auf dem Plan.
Mit 40 würde ich gerne meinen Job
an den Nagel hängen
oder eine 50% Stelle daraus machen,
aber so wie es momentan ausschaut
wird das nix.

Erst mal die Seele
aus dem Leib schreiben,
dann sehen wir weiter.

Selbsterwählte Beschäftigung
ist die Schönste.

Und auch wenn die Musik
nicht mehr so viel her gibt
wie früher,
freue ich mich wie ein kleines Kind,
wenn die Tracks stehen,
das Artwork und die Studioaufnahmen sitzen
und die Musik für eine Weile
im Ohr bleibt.

Ist nie verkehrt
sich bis zu einem
bestimmten Grad
selbst geil zu finden.

Wenn alles klappt,
kommt die Platte bald raus.
Und dann?
Nichts weiter.

Ich hebe meinen Kopf,
schaue zum Fenster hinüber,
die Sonne lächelt mich noch einmal kurz an
bevor sie sich für heute verabschiedet.
Der Himmel färbt sich in ein trauriges
rosarot.

Das zweite Glass G&T steht griffbereit.
Alles wird gut.

Beim nächsten Mal dann

Träume, Vorurteile, Ängste und Geheimnisse
sammeln sich über die Jahre
automatisch an
und jeder,
der was anderes sagt,
lügt.

Wenn einer erst mal verschwunden ist,
ist er,
so oder so,
schnell vergessen.
Erst recht,
wenn er ein Arschloch war.
Oder bleiben die
länger im Gedächtnis?

Egal, versuchen wir mal (zur Abwechslung)
uns zusammenzureißen
uns nicht zu verstellen
uns nicht vor einen Karren spannen zu lassen

und niemanden vor unseren Karren zu spannen,
uns nicht zu wichtig zu nehmen
oder eine Sache.

Denn wir haben es schon
so oft
versucht

und so gut

wie jedes Mal

vergeigt.

Schreiben

Nacht für Nacht
sitzt er da,
allein,
mit Flasche,
Kippe
und Laptop
bei schummrigem Licht,
jongliert mit Wörtern und Gedanken

So ungefähr stellen die Leute sich das vor
und genau so ist es auch.
Nur meistens,
 ich schätze so
98% der Zeit,
passiert
einfach nichts
und wenn,
dann kommt nix Gescheites
    dabei raus.

Ausbruch: aussichtslos

Mein Herz rennt seit Wochen
Amok,
wie auf Entzug.
Ein Gefühl von Hilflosigkeit
steigt in mir hoch,
wie kurz vorm
Kotzen.

Der Käfig, in den ich mich gesetzt habe,
fordert seinen Tribut.

Manchmal darf ich das oberste Stängchen
besteigen,
dann wieder am Boden
zerstört
erbärmlich leiden.

Alles auf eine Karte zu setzen
wäre zu einfach

oder einfach nur dumm.

Die Zweifel, der Trieb
und die sinnlosen Diskussionen
zerreißen mich
und du
wirfst mich in die Luft

wie beschissenes
Konfetti

Delete

Ist nicht gerade meine Lieblingstaste,
obwohl, wird sehr häufig benutzt.
Zum Glück,
sonst würdet ihr nur Scheiße lesen.

Wie haben wohl die Millers, Bukowskis und
Kerouacs
mit ihrer Schreibmaschine
gekotzt,
wenn es einen besseren Einfall gab,
und man alles erneut tippen musste?
Das kann man sich nicht vorstellen.
Oder hat man es einfach so gelassen wie es war?
Ich denke nicht.

Wie auch immer,
viel Scheiß kam am Ende nicht raus.
Von der Copy & Paste Funktion möchte ich jetzt
gar nicht reden.
Also für mich steht fest,

ohne dieses High-Tech-Gerät vor mir
könnte ich nichts auf's Papier bringen.

Jeder wie er will - Interview mit ein paar Bier

„Warum hast du angefangen zu schreiben?"

„Man könnte sagen aus Langeweile."

„Hast du so viel Freizeit neben der Musik und deinem Job?"

„Ich weiß auch nicht, es ergibt sich hin und wieder und dann überkommt es mich."

„Was bewegt dich und in was für einem Gemütszustand schreibst du?"

„Meistens am Wochenende, morgens, mit einem Kater und unter der Woche abends nach der Arbeit. Die Schreiberei braucht den nötigen Gemütszustand. Und manchmal muss ich mich mit Wichtigerem beschäftigen als den Fernseher anzuschauen."

„Wie kam es dazu ein Buch zu veröffentlichen?"

„Nachdem ich anfing zu schreiben wollte ich auch veröffentlichen. Den ganzen Kram nur für mich oder für einen Blog zu schreiben empfand ich als nicht befriedigend. Also suchte ich nach einer Möglichkeit und fand den BOD Verein, die jeden Depp veröffentlichen."

„Deine Texte ähneln sich oft und erscheinen genau deshalb vielleicht etwas trist, ganz abgesehen davon, dass kaum Hoffnung am Horizont aufleuchtet."

„Das alles war oder ist pure Absicht."

„Warum?"

„Weil das Leben halt so ist. Ich wollte nichts beschönigen oder viel rumsülzen und für lustige Unterhaltung sorgen schon andere."

„Okay. Und warum erfährt man nur ganz wenig über dich und deine Person in den Texten?"

„Ich wollte nicht gleich alles im ersten Buch verarbeiten und die Frage danach bestätigt, dass es eine gute Idee war. Man sollte nie zu viel verraten oder preisgeben, denn sonst ist der Zauber dahin. Wir werden ja sehen, ob ich mit dem zweiten Buch mehr Befriedigung schaffe. Ich glaube eher nicht. Will ich aber auch nicht."

„Weil das Leben nun mal so ist?"

„Genau."

„Aber wollen die Leute nicht eher Unterhaltung und Ablenkung?"

„Natürlich. Will ich ja auch. Die Frage ist nur wie. Wenn jemand gern ins Kino geht, um sich inszeniertes Action-Geballer reinzuziehen, dann ist das okay. Und wer lieber in den Puff geht anstatt meinen Scheiß zu lesen, soll eben das tun. Ich zwinge niemanden, das Buch zu kaufen und zu lesen, ich möchte einfach nur etwas machen, das für mich einen Sinn hat, und wenn das bedeutet, dass es für andere langweilig ist - auch gut. Ich sehe es als kleine Oase zwischen all dem hektischen Gedöns um uns herum, sei es auf der Arbeit, daheim mit der Frau, unterwegs in den Städten. Und Smartphone, Tablet, Notebook, iPod, Facebook, WhatsApp, Instagram und all das sorgen ja nicht gerade für eine Entschleunigung in unserer Zeit. Vielleicht hilft da ein Text, der Situationen beschreibt, die jedem passieren können oder aufzeigt, dass es anderen auch nicht viel besser ergeht als einem selbst. Mir hilft sowas."

Hurra, hurra die Schule brennt

Die Schule ist schon so lange aus und vorbei. Aber es überkommt mich immer noch ein warmes und zufriedenes Gefühl, das mich erleichtert, mich verblüfft, wenn ich zufällig an meiner alten Schule vorbeifahre.

Ich hasste die Schule einfach abgrundtief. Gefühlt verbrachte ich dort 25 Jahre bis lebenslänglich.

Der Unterschied zum Knast war nur, dass man völlig unvorbereitet von einem Tag auf den nächsten, entlassen wurde. Der Scheiß hatte also doch ein Ende.

Jetzt, da jeder Tag im Freudenrausch zelebriert wird, vergeht die Zeit und die Freude. Die Erinnerung an die Schule kommt zum größten Teil nur noch zurück, wenn man direkt daran erinnert wird. Wie bei Fortbildungskursen, Wartezimmern oder bei Familiengeburtstagen, einfach überall wo man sitzen muss, die Zeit nicht vorbeigeht und man nicht weg kann.

Immer dann macht sich heimlich auch die vertraute Hilflosigkeit wieder breit und das Verlangen, alles anzuzünden. Und obwohl wir wissen, dass alles vorbei geht, stellen wir uns wieder an wie damals, als wir noch verwöhnt, unschuldig und schwach waren. Denn wir wollen immer noch nicht ruhig sitzen, nicht so tun, als ob es uns kümmert, was andere erzählen. Einfach nur weiter und weg, das ist unser Ding.

Und während wir noch ausgiebig am Kotzen sind, über die Scheiße, in die wir uns wieder rein manövriert haben, geht die Große Pause vorbei, das sinnlose Besaufen nach der Fortbildung, die hübsche Zahnarzthelferin und das große Fressen aus Langeweile auf der B-Day-Party.

Nur der Bauch, der bleibt.

Schattenspiel

Es will einfach nicht in meinen Schädel hinein, ich habe jetzt verdammte 36 Jahre auf dem verdammten Buckel und dabei komme ich mir kaum schlauer, kein bisschen besser oder irgendwas sonst vor, eher noch mürrischer und an manchen Stellen sogar richtig angepisst. Die ruhige Kugel, die ich früher geschoben habe, ist weggerollt als es bergab ging. Jetzt hetze ich aufgewühlt durch die Gegend. Oder war ich das früher schon, nur ohne es zu blicken? Egal, es geht mir einfach nicht runter, dass es so schnell gekommen ist.

Die ganzen Partys, das Touren und die Wege, die zurückgelegt wurden, sind allesamt, mehr oder weniger, null und nichtig. Nur ein Schattenspiel an der Wand einer Gehirnwindung bleibt zurück und gibt ab und an eine Vorstellung - in ruhigen Momenten, auf der Arbeit, auf'm Klo, beim Zugfahren, an einer roten Ampel oder im Feierabendstau. Ja, toll, führt mir bitte vor, was war und vielleicht nie mehr sein wird.

Ich bekomme direkt Durst auf eine Flasche Wein um 14 Uhr, allein, begleitet von einer Schachtel Kippen.

Wieder den Ruhepunkt finden, wie früher, einfach abschalten wie tausende Male zuvor, um dann, am nächsten Morgen, wieder von vorne anzufangen. Nur eben leichter, weil alles andere, wie zum Beispiel ausgeschlafen und bei Verstand sein mindestens genauso wenig bringt.

Nur einmal noch, für einen Augenblick so tun als ob der Rausch einen rettet, einen in Rosen bettet bis er dich ausspuckt wie ein Neugeborenes. Und genau das ist es was ich jetzt brauche. Auch gerne immer und immer wieder, aufs Neue, bis es endlich langweilig wird.

Vergangenes zu vergessen hat seine Vorteile, zu vergessen, wie oft man spitz war und dabei durchgedreht ist, weil null Chance auf Erleichterung, zu vergessen, dass man krank vor Eifersucht war oder sich mit zerbrochenem Herzen, Kopfweh und Kater durch Wochen und Monate gequält hat oder, dass ein Arbeitstag niemals enden wollte, bei 36 Grad im Schatten. Das alles zu vergessen ist gut. Also, wäre gut, wenn da nicht wieder die Schatten wären und die 36 *(und mittlerweile bin ich schon 37)*.

Fliehen ist ein Hirngespinst und Vergessen ein Geschenk.

Warnhinweise werden selten befolgt

Ich möchte mich nicht schon wieder beschweren oder so tun, als ob mir alles egal wäre. In Wahrheit möchte ich nur meinen Verstand so gut es geht behalten und nicht komplett verrückt werden. Und, ganz wichtig, halbwegs gesund alt werden. Das Rauchen und das Trinken müsste man natürlich reduzieren. Wer will das nicht?

Apropos verrückt werden: vor ein paar Tagen bin ich extra früh zur Post. Allerdings hatte ich verdrängt, dass ich nicht der Einzige bin, der lange Schlangen und Mitmenschen meidet. Als ich ankam, war vor dem Amt schon richtig Tumult. Scheiße. Die Post hatte noch gar nicht geöffnet. Und im Vorraum roch es wie in jedem Geldautomatenraum, nach Pisse. Danke dafür und macht endlich die verdammte Tür auf, ihr Assis. Was auffiel: es waren fast nur Männer da, mit Retourepäckchen fürs Frauchen unterm Arm. Der Trend reißt wohl nicht ab. Es wird von der Couch aus bestellt, überfüllte Kaufhäuser gemieden und die Klamotten daheim im Schlafzimmer anprobiert.

Zu klein! // schick ich zurück!

Zeitersparnis? // keine!

Moment! // Doch!

Weil das Herrchen den Scheiß zur Post bringt. Irgendwann fahren nur noch Paketautos durch die Straßen, und wir, die wir zur Post müssen wegen Retouren.

30 Sekunden stehe ich jetzt schon an. Gedanken von Folter kommen auf. Ich muss endlich die Packstation anmelden. Postämter sind noch schlimmer als Zahnarztpraxen oder Friseure, denn da kann man sitzen.

Leider kommt man hin und wieder nicht um den blöden Zahnarzt herum, daher empfehle ich nur zu gehen wenn es auch weh tut. So habe ich mal 8 Jahre lang keinen Bohrer gehört. Auch meine Haare schneide ich mir seit 10 Jahren selbst. Würde echt gerne wissen wie viel Kohle ich gespart habe, und ob es sich gelohnt hat mit einer verschnittenen Frisur rumzulaufen.

Mittlerweile bin ich fast am Schalter.

Ich höre die Postbeamtin mit dem Typen vor mir quatschen:

„Oh, da sind sie zu früh, die DHL-Wagen werden erst gegen Mittag ausgeladen."

HAHA! Völlig umsonst die Zeit verschwendet –
armer Idiot - ich glaube ich hatte vor Jahren
auch mal einen Paketschein und vergessen auf
die Abholzeiten zu achten.

Aber so wie alles andere, so verblasst auch das
Postamt mitsamt den toten Gesichtern der
Postbeamten. Und wir, die halb kirre
gewordenen, vor den Schaltern. Es verblasst
genau in diesem Augenblick, wenn die
Türschwelle der Post Richtung Freiheit
überschritten wird.
Ab in die nächste Situation, denn irgendwas
geht immer daneben, und wie so oft
unterschätzt man sich selbst, das Universum
und die Mitmenschen oder unterstellt ihnen
automatisch, dass sie dümmer seien als man
selbst. Erst recht, wenn der Tag gut begonnen
hat, es auf der Arbeit super lief, die Frau daheim
auch noch gut drauf war und der Geldbeutel
locker saß, weil die Finanzen zur Abwechslung
mal stimmten.
Eigentlich sollte man genau dann vorsichtig
werden, genauer aufpassen, noch mehr auf der
Hut sein wie sonst, so wie die nächste Kacke, die
um die nächste Ecke wartet und bereit ist, sogar

bereiter als bereit, für dich und mich, um uns
dann so richtig fertig zu machen.

Komm, beschissene Kacke, komm schon, hier
bin ich.

Das Telefon klingelt.
Frauchen ist dran und mega schlecht gelaunt.

Ich hatte anstatt Lauch mal wieder
Frühlingszwiebeln besorgt.

Tapetenwechsel

Ich sitze im TGV nach Paris. Mit 300 Sachen rast die Welt an mir und den anderen vorbei. Um mich herum quillt langweiliges Gelaber aus langweiligen Mäulern mittleren Alters und füllt langsam den Wagon. Dank der im Takt vorbeiziehenden Strommasten, der eintönigen Landschaft, meiner chronischen Verwirrtheit und den Auswirkungen des gestrigen Abends, kann ich das Treiben um mich ein wenig ausblenden.

Ich erinnere mich daran, wie ich vor 15 Jahren durch die Gegend getingelt bin. Was man alles so treibt, wenn man jung ist und die Zeit hat und Gott sei Dank auch die Mittel. Zugegeben, es war streckenweise eine langweilige und öde Zeit, die mich mitunter geradezu zwang, das Beste herauszuholen.

Ich war auch gerne mal allein daheim mit meinem verpickelten Aknegesicht. Auf Dauer allerdings geht das nicht, egal wie scheiße man sich fühlt, oder aussieht und egal wie warm und behütet es daheim ist, irgendwann lockt das Ungewisse, das Neue, die Flucht vor nervigen Eltern, und eine Vermutung, die eine Bestätigung braucht, denn es könnte ja sein, dass es draußen in der Welt nicht unbedingt besser ist als daheim. *(Oder so gefährlich wie alle sagen.)*

Für manche bedeutet das in Reiseführern Highlights abzuhaken. Klar, es ist Arbeit sich aufzuraffen, beflügelt aber die Sinne und lohnt sich auf lange Sicht, auch wenn nicht immer alles glatt läuft. Zudem kann man daheim vergammeln, wenn man müde und träge ist und die Schnauze voll hat von allem.

Die unzähligen Kilometer auf Straßen und Trassen, die teilweise ungewisse Warterei und das Rumschlagen mit Artgenossen kann auch lästig sein. Für mich zumindest.

Bei solchen Unternehmungen oder Außeneinsätzen dient mein Drei-Wochen-Bart normalerweise zur Abschreckung, aber die ältere Dame neben mir kümmert das nicht und fängt an, sich mit mir zu unterhalten (...) über den Sitzplatz und warum der so eng sei, will sie wissen. Ich meinte nur, sie solle doch ihre

Tasche aus dem Fußraum nehmen, aber sie traut den anderen Fahrgästen nicht über den Weg. (...) Dann halt drei Stunden ohne die Füße auszustrecken. Die Leute begeben sich auf große Fahrt und das Einzige, das ihnen in den Sinn kommt, ist Misstrauen und Nörgelei.

Ich tat weiter so als ob ich dösen würde, was ich eigentlich auch tat. Ich versuchte mich noch mehr zu erinnern, daran, was mich damals bewegte und wie eins zum anderen führte, bis zum heutigen Tag im TGV.

Ist alleine reisen nerdig? Dieser Gedanke kam mir schon oft. Vermutlich schon.

Zur Millenniumsfeier besuchte ich ein Mädchen in Bari, Italien. Der Jahrhundert-Sturm Lothar wütete damals am zweiten Weihnachtsfeiertag Ende 1999. Ich konnte erst zwölf Stunden später los. Die Fahrt dauerte dann auch nur schlappe 23 Stunden.

Dass ich mich zuerst an das Wetter und die Umstände an sich erinnere und dass ich damals wirklich losgezogen bin, anstatt an die Dinge die in Bari passiert sind, irritiert mich ein wenig. Woran liegt das? Am Alter? Ich hoffe nicht.

Aber, auch, wenn nicht alles so war wie ich das gerne gehabt hätte, würde ich es sofort wieder tun. Tat ich auch - dreimal.

Ich denke, nein, ich weiß, die schwachsinnigen Aktionen sind die, die am längsten in Erinnerung bleiben. Florida und on Tour mit Jared im Mittleren Westen war so ein Meilenstein. Sich drei Wochen lang jeden Abend die Kante geben und fix und fertig in ein Queen oder Kingsizebett, popeligen Schlafsack oder auf einen 5cm dicken Teppichboden zu fallen, klingt ungesund, hat aber was.

Der Kurztrip jetzt nach Paris war vor zweieinhalb Jahren ein Geburtstagsgeschenk von mir an sie, weil wir so selten zusammen etwas unternahmen.

Unruhe macht sich im Zugabteil breit. Die ersten machen sich auf zur Tür – viel zu früh. Wir sind in Paris angekommen. Der Wind weht aus Süden. Es gibt einiges zu bestaunen:
Ein Bier = 8€. Sie muss Highlights abhaken, ich gehe es locker an und werde dafür verurteilt.
Und keine Überholchancen im Windschatten der Zeit.

Ein neuer Tag wie jeder andere

Zu viel im Kopf von allem
roh, unsortiert und kalt
und vor allem
fünf Tage offener Wein

Nichts vor
und trotzdem keine Zeit
alles auf einmal
ist heute die Devise.
Warum?
Darum!

Gestern, vorgestern, letzte Woche, letzten Monat
und jetzt gerade
kein Gefühl
für gar nix

Morgen ist ein neuer Tag

damit sich alles wiederholt.

Hätte mir einer erzählt wie es so ist mit Mitte 30,

Ich hätte ihm nicht geglaubt.

Der Wein ist leer.

Mal schauen was für Schätze

der Kühlschrank noch preisgibt.

Und, fast vergessen,

es gibt Neuigkeiten:

das Rauchen teils eingestellt,

denn irgendwie,

ich weiß auch nicht,

ich denk mir nur,

wenn es eine Hölle gibt,

dann komme ich da hin.

Versuche

deshalb,

so gut es geht,

das Ganze

irgendwie
    hinauszuzögern.

Ein bisschen Träumen darf doch wohl erlaubt sein

Es kommt nicht so oft vor, dass ich mit öffentlichen Verkehrsmitteln reise, aber wenn, wird es mir meistens schlecht. Zu viele Artgenossen, die gleichzeitig von A nach B verfrachtet werden, auf zu engem Raum. Damit sie ihren Bedürfnissen nachkommen können wie Einkaufen, Freunde besuchen, Arbeiten um Geld zum Einkaufen zu haben, und bevor sie vor Langeweile daheim umkommen, andere langweilige Freunde besuchen.

Im Minutentakt oder schneller gleicht eine U-Bahn einem Rattenlabyrinth. Und wir sind natürlich die dummen Ratten, die versuchen an ihr Ziel zu kommen.

Je schneller, desto besser und am besten ohne sich zu verlaufen. Als ob eine Belohnung auf uns wartet. Oben in den Straßen wuseln wir dann weiter vor uns hin, ohne einen Gedanken daran zu verschwenden, wie viele Artgenossen sich gerade unter einem, 14 Meter tief im Erdreich, wieder in eine Bahn quetschen. Umgekehrt denkt auch keiner von der Unterwelt an mich, an uns, an die da oben. So geht das Treiben bis zum nächsten Crash oder der nächsten Bombendrohung, Rezession, einem Krieg, einer Pandemie oder einer Invasion von Aliens.

Einziger Lichtblick sind hübsche und strahlende Gesichter und knackige Hintern von weiblichen Fahrgästen. Sie werten den Trott beim Warten oder Fahren schlicht auf. Außer dieser willkommenen Abwechslung und der Hoffnung, dass wir rechtzeitig unser Ziel erreichen, bleibt uns eigentlich nichts.

Draußen regnet es in Strömen und ich muss noch zehn Minuten laufen. Ich verwöhnter Bengel. Wie wird die ganze Geschichte mal enden? Fliegen oder beamen wir uns in weiter Zukunft ans Ziel?

Wie auch immer, manchmal träume ich davon, sofern ich einen Sitzplatz ergattert habe, keine Omas, Schulklassen oder Junggesellenabschiede nerven und nur ein nettes Gesicht gegenüber sitzt, wie ich ewig fahre und am besten niemals ankomme.

Lückenfüller

Was sehen meine verpennten Augen...
Ich hatte heute Morgen um halb fünf
noch was zu Papier gebracht.
Leider ist es nicht zu gebrauchen.

Okay, ich sauge mir noch etwas raus.

Letztes Jahr dachte ich ja,
die katholische Kirche
geht endlich
den Bach runter.
Dann kommt dieser Papst,
der alles umkrempelt
und die Massen begeistert.
Egal, das nächste Dilemma
kommt bestimmt.
War nie anders.

Wir sind doch alle nur
Lückenfüller, eine
Überleitung
zu etwas Anderem,
etwas Neuem,
etwas Besserem
oder Schlechterem.
Wir werden es nie erfahren.

Unterm Strich
sägt die Kirche doch schon
seit 2.000 Jahren
an ihrem eigenen Ast,
so wie alle
totalitären Systeme.

Leider,
ohne erkennbares Ende.
Scheiße.
Sägt schneller.

Was sonst

Ich stehe in den Startlöchern,
der Countdown läuft und jede Sekunde
geht mir mehr auf den Sack.

Warten ist Einstellungssache.
     Mit Alkohol geht's leichter.
Traurig?
     Bestimmt.

Ich glaube nicht an Heilung oder an
Erleuchtung.

Glaube hat was,
frei von Zweifeln und das ist mir fremd.
     Leider.

Und jetzt?
     Ich stecke noch eine an
und schenke mir nach und
schreibe es auf.

Auch wenn es noch so
nach Bukowski klingt.

Du

Du machst mich auf deine ganz eigene Art
fertig
also schreibe ich wie ein
Wilder.
Über so viel Quatsch
über dich, über mich
auf dass alles vorbei geht,
ganz *easy*.

Abwarten bedeutet Abstumpfen.
Abwarten bedeutet Akku aufladen,
Abwarten bedeutet die Erwartung
hoch schrauben,
so hoch dass nichts,
auch nur annähernd,
diese erfüllen kann.

Und nach dem Abend der Abende
an dem gar nichts *easy* war
leuchtet das Licht am Morgen danach

auf einmal

       ganz anders

Verzwickt

Es gibt zu viele Arbeitstage, Kopfweh am Morgen, Vorgesetzte ohne Ahnung, Streit um nichts, Ablenkung, Gedanken die ins Leere führen, gute Serien, Dummheit, die Farbe Rosa, Zweifel, gute Bücher und schlechte Bücher, Hipster, Religion, Verschwörungen und Verschwörungstheorien, Pornos, Neid, und TÜV-Mitarbeiter, die ihre Sache eindeutig zu ernst nehmen.

11:30Uhr. Auf der Arbeit. Ich sitze im Schatten eines Baumes. Es ist Freitag und Zeit, Feierabend zu machen. Tick, Tack, Tick, Tack *(für alle Unwissenden und nach 1990 Geborenen - so haben früher Uhren geklungen).*

Ich kann nicht sagen, dass diese Woche eine schlimme Woche war, aber wann zum Henker ist endlich Schluss? Sogar der beste Job der Welt arbeitet gegen mich und die Sonne auch. Da oben steht sie und lacht mich an oder aus. Sie wartet nur darauf, mir den Rest zu geben, mich zu lähmen und mir am Ende noch eine Bauarbeiterbräune mit auf den Weg zu geben. Gott sei Dank ist heute Freitag. Aber selbst wenn alle Brückentage und Feiertage zusammenfielen, völlig egal, das Wochenende ist immer ZU KURZ.

Erholung ist eine Farce und ebenso die Hoffnung auf bessere Zeiten. Ich hoffe nur, dass mir die Gin-Geister heute Abend wohlgesonnen sind.

Meine ersten zwei Lesungen sind gestern bestätigt geworden. Im Anschluss daran hatte ich mir gleich einen doppelten Monkey für meine Nerven gemixt. Oh großer Geist in der Flasche, lass die Chose schnell vorbeigehen. Ich weiß, meine drei Wünsche sind schon lange aufgebraucht. Gib mir trotzdem die Kraft und einen Rausch ohne Kopfweh und Kater.

In was ich mich auch immer hinein manövriere, Aufregung hier, Hosen voll dort und wieder ein Projekt und eine neue Idee, die zu vergessen besser gewesen wäre. Aber immer dieser Drang, wieder irgendetwas zu wollen, okay, bevorzugt einfach nur weg und noch dazu ganz schnell, aber dennoch versucht, unvermeidlichen

Veränderungen zu trotzen und dabei Stillstand strikt abzulehnen.

Na gut. Locker bleiben, sage ich zu mir. Bleib ehrlich zu dir selbst. Die Gelassenheit ist und bleibt SHOW, nach außen hin. In Wahrheit explodiere ich innerlich in jeder Sekunde oder breche mangels Rückgrat gleich zusammen. Oder wegen meines niedrigen Blutdrucks.

Der Mann geht ja bekanntermaßen eher selten zum Arzt *(zumindest solange die Rente noch nicht in Kraft getreten ist oder man gegebenenfalls bald in Rente will)*, und wegen Gelenken, die ein wenig schmerzen erst recht nicht. Kann ja nicht so schlimm sein, die Hand ist noch dran. Aber so ist das. Gehandelt wird erst wenn es Tote gibt.

Bei anderen Themen ist das auch nicht anders, siehe Fracking oder bei den obskuren Freihandelsabkommen. Gut, dass ein kleiner unbeugsamer Wille Einzelner versucht zu retten, was zu retten ist.

Nur stark angepisst und mit ungewohnter Wut im Bauch verleihen wir unserem Schweinehund etwas Ausdruck. Erst dann kapiert etwas in uns, dass es sich inmitten von verunreinigtem Wasser, verpesteter Luft und den daraus resultierenden Krankheiten nicht so gediegen chillen lässt.

Weiter so, liebe Mitmenschen, wehrt euch! Eure wahren Beweggründe sind mir schnuppe, solange das Endprodukt stimmt, oder? Aber nochmal, wenn ihr mich wieder umsonst aus meinem Liegestuhl, vom Tresen oder aus einem dreistündigen Powernap holt, dann gibt's Ärger.

Der Fuzzi vom TÜV ist immer noch dabei jedes Bauteil akribisch zu untersuchen. Okay, das ist sein Job, aber irgendwann ist auch mal gut. Manche übertreiben aber auch. Und es kommt doch meistens nur heiße Luft raus.

HALLO? Ich brauche eure verdammte Show nicht, die ihr anscheinend auch noch genießt, leider dabei aber vergesst, dass ihr eure kostbare Zeit damit vergeudet. GANZ TOLL! Ich würde es ja verstehen, wenn es um eine Flugzeugturbine ginge, aber eine Lüftungsanlage in einer Bank?

Also mach jetzt schneller, Mensch, ich will verdammt noch mal heim.

Antrieb 2.0

Es ist der immer wiederkehrende
Trott im Job,
die immer gleiche Chose
mit den Frauen,
das Niemals-richtig-zufrieden-sein
mit sich selbst,
das einen dazu bringt
oder zwingt,
nicht stehen zu bleiben,
unaufhörlich zu suchen,
zu streben
und niemals aufzugeben,
um dann vielleicht
irgendwann sagen zu können:
„Das war eine
gute Zeit"
oder „das *muss*
eine gute Zeit
gewesen sein".

Heute kein Apfelstrudel

Unseren Hintern bekommen wir selten hoch,
außer zum streiten,
da sind wir allzeit bereit.

Richtig bereit sind wir
sowieso immer nur für Dinge wie
Biertrinken, Actionfilme *(mit oder ohne Titten)*,
Kaffeepausen
und eben Streiten.
Wieso?
Streiten ist doch kacke.
Aber irgendwas zieht uns förmlich rein.
Das Thema,
der Partner,
der Gegenspieler,
die Liebe,
die Enttäuschung,
wir selbst?
Es gibt keinen Sinn im Streit,
mal gewinnt man,
mal verliert man,

dennoch suchen
und wollen wir ihn,
oft.
Ich habe keinen Schimmer
und keine Antwort parat,
nur ein Bier in der einen Hand
und die Fernbedienung in der anderen
und natürlich
die Barthaare nicht aus dem
Waschbecken gepult.

Aber selbst wenn,
wenn nichts im Kasten kommt,
das Kaffee- und Kuchenkränzchen
nicht ausfällt,
ich gute Laune hab und sie
 - wird gestritten.
Rein aus Langeweile?

Na gut.

Wir sollten einen festen Termin ausmachen,
einmal pro Woche:
Samstags von 16Uhr bis 18Uhr
wird gestritten.

Denn
es stört mich wirklich,
nicht zu wissen,
wann der nächste Streit kommt.

Ausmisten

Von Zeit zu Zeit wird ausgemistet, aussortiert, begutachtet und selektiert und niemand kann sich davor drücken. Spätestens beim Umzug oder wenn es daheim kaum noch Raum zum Atmen, zum Laufen, zum Leben, zum weiteren Sammeln gibt. Der ganze Kram, den wir besser niemals hätten kaufen sollen, holt uns ein und liefert uns den Beweis, dass wir also doch immer älter werden. Beim letzten Mal haben wir schon überlegt, was wir noch mit dem Scheiß wollen und haben es doch wieder verstaut. Wir wissen ja, wenn es erst mal weg ist, braucht man es zwei Wochen später. Die Variante A+ der Selbstverarsche ist die: das Zeug immer wieder zu verstauen, um es nach einem vollendeten Umzug in den fünften Stock ohne Aufzug anschließend wegzuwerfen.

Ich versuche schon länger keinen unnützen Kram mehr zu kaufen. Ist verdammt schwer, denn man weiß es vorher einfach nicht. Und manchmal würde ich lieber meine Gedanken in den Müllsack werfen als Gegenstände.

Was für ein unglaublicher Schnickschnack-Berg, der sich anhäuft und einst so furchtbar wichtig erschien. Wo führt das alles bloß hin?

So wühlt man sich durch seine Vergangenheit und am Ende stellt man entsetzt fest, wie viel Geld man ausgegeben hat für wertloses Zeug, für Schrott, für nichts und dass man rein gar nichts dagegen tun konnte.

Zurück bleibt nur ein Gedanke - irgendwann sind wir selbst an der Reihe, werden aus unserer Wohnung getragen oder aus dem Heim, wenn man dort kurzzeitig oder längerfristig zwischengelagert wurde.

So oder so ähnlich

Wir tun so als ob uns nichts kümmert,
nippen an unserem Glas und schauen auf die
Uhr
obwohl wir auf niemanden warten.

Wir mögen wie es ist,
reden wir uns ein,
denn so ist es leichter.

Allein müssen wir nur
uns selbst ertragen.

Doch auch dafür gibt es Hilfsmittel.

Und das Zeug schmeckt sogar.

Wenn es heute so weiter geht,
ist der Tag morgen schon gelaufen.
Das Verstellen im Büro,
die Kundenfreundlichkeit, sowieso gespielt,

so wie der Umgang mit den Kollegen
und der Nonsense,
der beim ersten Kaffee rausquillt und mir
und meinem Kopfschmerz alles andere als leicht
fällt.

Alles fügt sich, wenn man die Rolle gut
beherrscht
und alle sind glücklich, wenn sie es schlucken,
wenn die Lästerrunde zwei Stunden dauert,
wenn der Chef ne halbe Stunde auf dem Klo
verbringt,
der Tag am Ende einfach vorbei ist
und daheim der Fernseher auf einen wartet.

Wir verzeihen wenig,
vergessen dafür umso mehr

während wir langsam und in Ruhe,
in unsere verdiente Ruhe entgleiten.
Genug bis zur nächsten Wiederholung
am nächsten Morgen,
wenn der Wecker klingelt
am nächsten Tag,
wenn die Arbeit nervt
am Abend,
wenn die Simpsons ihre Wirkung verlieren oder

schon längst verloren haben
nippen wir wieder.

Vielleicht warten wir ja doch
auf irgendwas.

Nicht einfach

In diesem Text geht es um Verständnis. Ich habe Verständnis für vieles, aber verstehe ich warum? Woran macht man Verständnis fest? Verständnis wofür eigentlich? Für Krieg, der einer guten Sache dienen soll, für Glauben, Hoffnung, die Legalisierung von Marihuana, für ein mieses Buch oder für ein Verbrechen aus Leidenschaft? Für alles zusammen?

Verständnis hat man oder hat man nicht. Zu einfach! Ist Verständnis die Kapitulation, sich nicht weiter drum kümmern zu müssen, es geschehen zu lassen, weil man es doch nicht ändern kann oder will? Dann ist Verständnis Schwäche oder das Gegenteil oder beides und so vermute ich, es wird fast immer vorgegaukelt. Und wenn dem so ist, ist das nächste Problem schon vorprogrammiert.

Wir setzen uns dem Verstehen und somit dem Verständnis automatisch aus. Zum Henker noch mal, warum sind wir nur so? Außer einem

Knoten im Kopf, Herzrasen und Durst kommt da wieder nicht mehr dabei heraus. Aber immerhin, unsere Schwäche könnte unsere letzte Rettung sein. Unser Kopf verdrängt besser, als dass er vergibt, und die Zeit heilt sowieso... ach, egal. Es ist schon spät und ich habe einen im Tee und trotzdem - Verständnis für mein Dilemma?

Du ziehst ein Gesicht wie hundert vergessene Schoko-Osterhasen Mitte August

Mittwochabend. Habe den teuren Gin in seinem Versteck gelassen und mich über den restlichen Canadian Club hergemacht, nachdem ich schon ein Sixpack getrunken hatte.

Geh du nur, ich hasse das Kino, ich hasse Leute, die schlechte Filme mögen. Ich hasse schlechte Filme für einen Haufen Geld, ich hasse den Zwang immer dienstags ins Kino zu müssen, weil Kinotag ist.

Es wird wieder kälter, die Nächte länger und die Straßenbeleuchtung zeigt dir wie jeden Wintermorgen den Weg zur Arbeit in beschissenem, neuem, kaltem aber stromsparendem LED-Licht.

Ich wurde in der Bar gesiezt. Zum zweiten Mal. Wenn mir jetzt noch die Tür aufgehalten wird, sauf ich nur noch daheim.

Vergessene Geburtstage, vergessene Pille, vergessener Sicherheitsgurt, vergessene Christbaumbeleuchtung, vergessen das Rollo runterzumachen während man sich einen runterholt.

Worte, die einer Sache gerecht werden, existieren nur für kurze Zeit.

Irgendwann wurde alles schon mal gesagt, kopiert, wiederholt und falsch verstanden.

Kennt man einen Menschen besser, wenn man weiß, was für Pornos er sich reinzieht?

Es wird immer erst viel, viel schlimmer *(also so richtig, richtig beschissen)*, bevor es ein klein wenig besser wird. Stellt sich nur die Frage wann richtig beschissen erreicht ist.

„Dein Atem riecht wie eine Schnapsbrennerei!"
„Ich weiß, war aber um einiges billiger."

Ein schlechtes Beispiel ist oft besser als ein gutes.

Die Wahrnehmung verändert sich mit dem Alter: der Kater wird schlimmer und die Arbeit wird angenehmer. Und arbeiten mit Kater ging früher gleichzeitig, heute nicht mehr.

Bauchschmerzen und Kotzerei als Ausrede funktionieren zwar, aber abkaufen tut dir das niemand.

Es ist leicht, die Beherrschung zu behalten, wenn ein anderer schon durchgedreht ist.

Das Endlose hin und her zwischen Gut gegen Böse verkommt heutzutage immer mehr zu einem Schlau gegen Dumm.

Alles vergeht wie im Flug, dennoch fühlen sich FÜNF vergangene Jahre an wie SIEBEN.

Gestern meine Bilderdatenbank der letzten 10 Jahre mit einem Mausklick gelöscht. Gelobt sei die Technik. Okay, es waren zwei Klicks, nix gesichert, der Papierkorb voll, die rechte Hand zu schnell an der Maus und jede Menge Selbstüberschätzung, weil der Gedanke aufkommt, dass man nach 20 Jahren, weiß wie das Ding funktioniert.

Und wenn gute Läden dicht machen oder abfackeln bedeutet das, dass man alt ist.

Je mehr man den Dreh raus hat, desto mehr Zweifel kommen auf.

Für heute reicht's. Der Canadian Club ist aus.

Zerstreut schreibt es sich ganz okay

Erleuchtet vom Bildschirmlicht um 21:50 Uhr.
Es gibt immer irgendwas
zu sagen,
zu schreiben,
aber klare Ansagen sind erwünscht,
  kein Bla Bla
oder Bla Bla gepaart mit Spannung, Thrill oder
Horror *(alles nicht meine Sparte)*
oder Verfolgungsjagden.
Die finden in meinem Kopf statt.
Und Drama sowieso
- mehr als mir lieb ist –
und ein wenig Krimi gibt's noch obendrauf.
  Die Unschuld der Jugend wurde ermordet,
während die Vernunft verhindern wollte,
dass die Unvernunft noch mehr Scheiße baut.
Zu spät!
Und dafür braucht es einen Schuldigen.
Warten bis Gras darüber gewachsen ist,
hat das schon mal geklappt?

Auf der Suche
nach neuen Abenteuern
wird meistens nachgeholfen,
denn nichts währt
und hält sich von allein.
Es muss immer was los sein
und was hab ich jetzt davon?
Gedankenkarussell,
Gefühlsachterbahn - never ending.
Drogen als Ausweg,
als Einstieg,
aus Spaß.
Und die Wiederholung von allem,
weil man die Hälfte
im Suff vergessen hat.

Neue und alte Gedankenschnipsel,
zerrissen und zerstreut,
verbinden sich
unerwartet
zu etwas
Anderem,
etwas
Unbekanntem
und immer häufiger
zu etwas

Traurigem.

Müde

vom Warten auf's Christkind,

vom Rhythmus des Lebens:

schlafen, essen, arbeiten,

gute Filme finden

zum streamen,

wie Filmage - die Geschichte von

Descendents/All

oder die siebte Staffel von Mad Men.

Es gibt jeden erdenklichen Rotz.

Das natürlich nicht.

Noch nicht.

Wollte mich heute eigentlich

aufs Ohr hauen,

aber ein neues Sideboard muss her.

Ermüdend, diese Möbelhäuser.

Und Xavier Naidoo kommt

aus den Lautsprechern.

Kann es noch schlimmer kommen?

Ich liebe den Schlaf bis ich aufwache.

Danach mag ich es ruhig.

Und ja, müde vom Schreiben?

Auch.

Müde vom Lesen?

Oh ja.

Müde von einem neuen Tag,

der gemeistert werden muss,

vom Beweisen und Durchbeißen,

vom Schmeißfliegen vertreiben?

Ja, ja und

ja.

Und

wer hätte das gedacht,

manchmal auch vom

Besteigen.

Gescheiterte Gedanken

Wie ein Hund an einer Leine ziehen und zerren wir uns Stück für Stück langsam und keuchend voran. Die auferlegten Regeln und Normen sind nicht alle schlecht *(für manche Idioten unabdingbar),* um für den vernünftigen Rest ein normales Leben zu garantieren. Oder sind es doch die geschürten und falschen Ängste, die uns alle schön bei Fuß halten?

So reißen wir an der gespannten Leine, um für uns das Beste rauszuholen, zu flüchten, ein wenig schneller voranzukommen. Und, hat es was gebracht?

Versagen wird heutzutage großgeschrieben und auf die berühmte Waagschale gelegt. *(Können wir überhaupt was dafür? Wir hecheln uns einen ab ohne reelle Chance weiterzukommen, da muss man doch scheitern.)* So trotzen, kämpfen und saufen wir, um dagegen anzukommen, selbst, wenn noch so ein Schutzschild an Mir-alles-scheißegal-Einstellung aufgebaut wurde. Die

Tragödie, der Fluch, die Misere vom Scheitern sitzen einem im Nacken und lachen über uns.

Über das Scheitern bei Frauen, auf der Arbeit, beim Halten von Versprechen, nicht lügen, nicht zu viel trinken, die Klappe nicht wieder zu voll nehmen und zu prahlen, obwohl man sich zigmal vorgenommen hat, eben das nicht zu tun.

In einem Moment überwältigen einen klare und sortierte Gedanken und im anderen überfällt einen das Chaos, ohne Vorwarnung. Es kommt alles zusammen. Die Mir-egal-Mauer bröckelt, wenn das Gras ausgeht, und der Säufer steht ohne Stoff dumm da. Nur die Hausfrau fängt einfach an, alles wieder von vorne zu putzen.

Wir können von jedem etwas lernen.

Ich habe heute einen ganzen Tag am Strand vernichtet. Ich habe nix gemacht außer versucht, runterzukommen *(was verdammt schwer ist, und ich hab's echt versucht und bin kläglich gescheitert)*, heimzukommen, um in die Tastatur zu hämmern was zusammen gekommen ist, zusammen mit einem eiskalten Bier.

Eine ganz normale Nacht

Winter 2009 verschlug es mich auf einer meiner kleineren Touren in den hohen Norden. Genauer gesagt nach Neumünster *(liegt zwischen Hamburg und Kiel)*. Borderpaki hieß die Band für die ich an diesem Abend eröffnen sollte. Der Abend verlief ganz normal. Trinken, essen, spielen, weitertrinken.

Gegen Mitternacht kam ich mit der Dame ins Gespräch, die die ganze Zeit während meines Auftritts mit großen Augen und offenem Mund vor der Bühne saß. Es stellte sich später heraus, dass sie die Köchin an diesem Abend war. Im Laufe des Gesprächs fragte ich nach ihrem Alter, sie sagte:

„25",

Ich wiederholte: „25." Und dachte an die Zeit, als ich 25 war. Da meinte sie:

„Nein, 15 bin ich."

Und mehr als ein verwunderter Gesichtsausdruck war nicht, was ich zu bieten hatte. Fürsorglich wie ich bin fragte ich, ob ihre Eltern denn Bescheid wüssten und nichts dagegen hätten.

„Nein, die sind froh, dass ich hier bin." sagte sie. Traurig, dachte ich.

Gegen zwei war der Laden leer und Aufbruchsstimmung lag in der Luft. Ich entschied mit den Borderpaki-Jungs Richtung Kneipe zu ziehen. *(Jeder von den noch Anwesenden riet mir davon ab, aber ich ging noch mit.)*

Unterwegs hatten sich dann schon zwei von vier Borderpaki-Jungs verabschiedet und als wir zehn Minuten in der Bar waren, waren die anderen beiden auch verschwunden.

Da saß ich also mit meiner Gage, einer Jack Daniels Flasche und 50 Euro.

Ich trank aus meiner Flasche, der Wirt hatte nichts dagegen.

Irgendwann, so gegen vier, fragte der Wirt, ob ich Hunger hätte. Ich antwortete: „Yeah!"

Er drehte sich um, öffnete den Kühlschrank und warf einen 60cm langen, frisch geräucherten

Lachs auf den Tresen, gab mir eine Gabel und sagte:

„Einen guten."

Etwas verdutzt machte ich mich daran Stück für Stück aus dem Fisch zu reißen.

„Moment",

sagte der Wirt, ich dachte ich hätte etwas falsch gemacht:

„Ich habe noch Kartoffelsalat".

Perfekt, dachte ich.

Nach dem Festschmaus versuchte ich Steffen, den Veranstalter, zu erreichen - nichts.

Gegen halb sechs versuchte ich vergeblich auf einer alten verwanzten Couch zu pennen, aber kurz darauf wurde ich von Steffen geweckt und zurück durch die Nacht zu meinem eigentlichen Quartier geschleift. Schon mal morgens um halb sieben, durch windige minus 14 Grad marschiert, wenn man Sekunden vorher gerade noch geschlafen hat? So gefroren habe ich niemals zuvor. Steffen fragte, wie der Abend denn so war mit den Borderpaki-Jungs, was im Kampf gegen die Kälte aber nur ein müdes Mundwinkelzucken hervorrief.

Endlich bei Steffen angekommen legte ich mich, halb erfroren, auf mein von Katzenhaaren überzogenes Schlafsofa, um endlich den verdienten Rausch auszuschlafen. Ich hasse Katzenhaare.

Irgendwann

Irgendwann,
Mitte 20,
fühlt man sich wie ne richtig coole Wurst
und man denkt,
das bleibt so.
Eine Dekade später
fühlt man sich wie ne noch coolere Wurst
und man denkt,
damals war ich weit davon entfernt,
aber jetzt habe ich es endlich geschafft
und dass es für immer so bleibt.

Und wir alle denken,
wir wären
gute Musiker,
gute Schriftsteller,
gut im Bett.
Meistens sind wir es
nicht,
     aber

manchmal
eben
     doch.

Einen Joint für Blake Schwarzenbach

Ihr wisst nicht, wer das ist?
Dann brauche ich das hier
auch nicht näher zu erläutern.
Nur so viel will gesagt sein:
Meine Hände haben
ein bisschen
     g e zi t t er t.

Leichte Kost

Ich stehe an der Kasse
bei EDEKA.
Auf dem Band vor mir fährt
ein Fertig-Salat
und eine Packung Chips.
Eine Dame,
die gerade noch zwischen Zigarettenstand
und Band passt,
ächzt ihren zwei Einkäufen hinterher.

Salat und Chips
und ein Lügenwirrwarr
in den Köpfen,
bestehend aus Ausreden
und Schönreden
und dem Verlangen nach Glücksgefühlen
und deren Ausschüttung.

Ich lege meine Einkäufe auf das Band:
Tabasco und Canadian Club.

Vor der Wahl

Was wollen wir?
1. das Beste für uns selbst
2. Frieden
3. saubere Luft
4. eine gute Ausbildung
5. und dass es anderen auch gut geht *(sollte erstrebenswert sein und macht Punkt zwei um einiges einfacher)*

Dann gibt's wohl die meisten Überschneidungen bei den Grünen.
Lasst uns doch alle die Grünen wählen... Nein?
Warum nein?
Was?
Die erhöhen vielleicht den Benzinpreis?
Ach so – Mist.

Scheiß auf Punkt
2 bis 5.

Erster Tag

Erster Tag nach der Elternzeit und es kommt mir schier hoch als ich im Zug sitze. Sie hatten mich vorgewarnt und ich wusste eigentlich auch, was mich erwartet und was für ein Kackladen das ist, aber es kommt doch meist immer noch ein Stückchen schlimmer als zuvor in der Komfortzone ausgemalt. Auch, dass das halbe Jahr schnell vorbeigeht war klar, aber so schnell? Auf der anderen Seite wäre das Leben gefühlt übernächste Woche vorbei, wenn man jeden Tag frei hätte. Also geht es schon okay ab und zu was zu arbeiten, beim Chef vorbeizuschauen, nett „Hallo!" zu sagen und wieder abzuzischen. Für mehr ist der Depp auch nicht zu gebrauchen. Einzelheiten erspare ich mir jetzt. Bringt auch alles nix. Dazu kommt, dass der leckgeschlagene Kahn, schon lange vor meiner Auszeit, mit Wasser voll lief. Es scheint aber keinen außer mir zu interessieren. Zu viele junge Leute sind gekommen, die die Zusammenhänge nicht erkennen, es gelassener sehen, *easy peasy*, sich so wie ich früher einfach treiben lassen und keinen Gedanken an später verschwenden. Womöglich. Ich wusste aber schon immer, was ich wollte, auch wenn es im Dunkeln versteckt war: Das Gute erhalten, kein Bein ausreißen, der eigene Herr sein, aber trotzdem kein Arsch - ist doch erstrebenswert, oder nicht?

Kleine Lichter leuchten nun mal scheiße, dafür brennen wir nicht so schnell durch!

Aber so sind wir auf die Gnade der hellen Unileuchten angewiesen, die für maximal ein bis drei Jahre im obersten Stockwerk delegieren, hin und her planen und das nur zu dem einem Zweck, der Boni wegen. Und wenn die wichtig sind, kann man sich nur einen Dreck um den Rest scheren. Der Bonus ist dem Kapitalismus sein Tod. Genug gesülzt.

Der Zug hat Verspätung und niemand regt sich auf. Was ist denn hier los?

Komme was wolle

Vor einigen Wochen bekam ich eine weitere Anfrage von Provinz-Postillen-Felix, ob ich bereit wäre, einen neuen Text für die Provinz Postille zu schreiben: Thema Realität.

Zuerst dachte ich, super, dafür bin ich genau der Falsche. Das letzte Thema war ja schon eher was Wachsweiches für mich und jetzt das hier. Aber gut, dass es Wikipedia gibt. Und das kam dabei raus: „Real ist vor allem etwas, das in Wahrheit so ist, wie es erscheint." Dacht ich's mir doch.

Aber wer weiß, was wirklich ist? Wer zum Teufel legt die Regeln fest? Wer entscheidet, dass kurze Hosen wieder über's Knie gehen? Und gibt es dann auch keine Hipster mehr? Wie schon erwähnt, ich bin der Falsche für dieses Thema. Allerdings liebe ich Herausforderungen.

Wurde eigentlich mal Meinungsforschung in Sachen Realität betrieben? Wie schaut die Sache aus wenn Hinz und Kunz, also Du und ich, befragt werden, wie wir das so sehen? Ich würde wohl zum Besten geben: „Real ist für mich etwas, das ich anfassen kann." Aber nur, weil man ein Glas festhalten kann, bedeutet das nicht, dass alles andere um einen herum nicht real ist. Wobei das Glas sicher seinen Teil dazu beiträgt, dass alles nicht wirklich wirkt.

Man könnte auch mal in die Fußgängerzone gehen und Leute fragen, ob ein guter Porno real ist oder nicht. Klar, der reine Sex ist real, aber kaufen wir den Schauspielern ihre Spielkunst ab oder ist das unserem Würstchen in der Hose egal, ob real oder nicht? Oder ist es uns sogar recht, dass wir einfach nicht wissen was real ist und was nicht? Eindeutig zu viele Fragezeichen in diesem Text.

Vieles spielt in Wahrheit keine große Rolle und somit ist es auch schnuppe, ob real, unreal oder irreal – finde ich. Ich denke da an den berühmten Sack Reis und an die Nachrichten. Wenn sie uns nicht erreichen, haben wir uns sowieso umsonst einen Kopf gemacht und dann kann die ganze Chose auch gerne manipuliert oder inszeniert sein, wie die gottverdammte Mondlandung.

Fakt ist, wir wissen halt einen Scheiß. Aber wissen wir das auch?

Am Ende eines Tages sind es ja nur unsere Ängste oder Gefühle, die darunter leiden und die uns wach halten. Allesamt heimlich von der Außenwelt eingepflanzte Scheiß-Gedanken über den Verlust unseres Verdienstes, Vermögens und Verstandes – und real oder nicht - wir bekommen einfach kein Auge zu. Der Haken an der ganzen Sache ist, dass wir uns gerne was vormachen. Wieso auch immer. Und das ist leider real.

Hinterfragen ist eine Möglichkeit! Also bin ich jetzt so bescheuert wie ich vermute? Bin ich so geil und angetörnt von der dekolletébetonten Werbung auf dem LKW vor mir, weil die Werbung darauf abzielt oder einfach nur, weil ich schon länger keinen Dampf mehr ablassen konnte? Oder habe ich schlicht ein Problem?

Leider hilft Hinterfragen nicht beim Einpennen.

Und Felix, du hast übrigens die Tür zur Hölle aufgestoßen!

Sollte man die Realität nicht einfach ausblenden, wegsaufen, wegdröhnen? Kann man mal machen, und das wäre dann was? Verständlich! Und dann? Dann... kommt einem die eigene kleine Welt gerade recht. Allein daheim, nichts fragen, nichts sagen und wenn es doch mal Schwierigkeiten gibt – zack, Füße in die Hand, und Tschüss. Bis, ja bis wir am Ende in den Tunnel blicken an dessen Ende kein Licht brennt, niemand wartet, und wir uns *(hoffentlich!)* immer noch was vormachen, abwinken; versuchen nicht zu denken, denn das war schon immer das größere Problem. Nein, nicht DAS DENKEN, sondern der Versuch NICHT zu Denken. Es wäre auf jeden Fall hilfreich, ab und zu. Aber so musste es ja kommen.

Denn jetzt wissen wir wieder mal noch weniger als vorher, aber genau das ist es doch: Das Eingestehen, dass die Welt uns nicht braucht. Wir nicht wirklich viel verändern, eher verschlimmern. Wir einfach nichts wissen und nichts dazu können, dennoch so tun als ob und die ganze Zeit davor wegrennen.

Keine Sorge, Zweifel sind berechtigt und der Beweis, dass es um uns noch nicht zu spät ist. Nebenbei bedeutet es auch, dass wir uns kümmern, um irgendwas, um jemanden, um die Zeit und dass unsere verfickte Wahrheit am Ende nicht nur für uns richtig erscheint. Aber bitte niemandem aufzwingen!

Leider ist es aber auch real, dass ich in 20 Minuten wieder alles über den Haufen werfe, mir noch einen doppelten Monkey einschenke, mir gut zurede, dass doch alles halb so schlimm sei, weil ich Herr der Lage bleiben will. Mir noch eine weitere Folge Hell on Wheels reinziehe, um ein wenig runterzukommen von diesem gottverdammten Text, vom Nichtwissen, von einer leisen Ahnung, dass die Dampflok der Realität uns einfach überrollt.

Ich tippe gerne diesen Kram

Die Sache beim Schreiben
ist die Verfassung,
die man dabei hat.
  Zu entspannt ist nichts,
zu besoffen ist nichts,
zu angepisst ist nichts
und zu geil ist auch nichts.
  Und man muss sich im Klaren sein,
dass jede Zeile,
jedes Wort
mehrmals umgeschrieben wird.
  Die Idee bleibt die gleiche,
wenn es verwertet wird,
aber die Art und die Sprache sind das,
was Zeit kostet
und Nerven
und so viele Fragen hinterlässt
und Zweifel
die noch mehr Zeit kosten.
  Tja,
Ehrlichkeit ist alles,

was ich anzubieten habe
und sind wir mal ehrlich,
mehr hat keiner anzubieten.
Außer jemand bietet Kohle,
damit ich über Vampire,
Zauberer
und Monster
schreibe
und nicht mehr diesen Kram hier.

Trotz allem

Was Autos,
was Häuser
und Fenster
wenn ich aus meinem schaue
und jede Menge Menschen dahinter.
Verdeckt und versteckt
gefallt ihr mir am liebsten.
Ich mag eure Macken nicht,
eure Zwänge, euer Getue.
Ich mag euch einfach nicht.
Bis ich euch besser kenne,
mag ich die Meisten
zu Recht nicht.

Geschrei, Gepoltere und ein Hilferuf kommen
aus einem offenen Fenster auf der anderen Seite,
ich greife ohne Umschweife zum Telefon und
rufe die Polizei.

Langes Wochenende

In der Mobil, der Zeitschrift der Bahn, las ich ein schlechtes Interview mit Tobi Katze *(Mit wem? Nicht so wichtig!)*. Der gute hat ein Buch über eine Krankheit geschrieben, über seine Krankheit, die Depression. Ich überflog das Ganze nebenher, weil ich die Hosen auf der Fahrt zur meiner ersten Lesung gestrichen voll hatte.

Der Artikel ließ mir aber keine Ruhe. Tobi ist knapp 30 und ich 35, nur zur Info. Die Kern-Message basiert auf seiner sogenannten Krankheit und die beschrieb er so: Wenn man sich nicht über Neuigkeiten freut, den Moment nicht genießen kann und man sich fehl am Platz fühlt, dann hat man eine Krankheit, Depressionen. Der Stuss ging über vier Seiten.

Nehmen wir einfach mal an, es ist so, dann gehöre ich schon immer dazu! Ich habe dann noch zwei, drei Mal mein Gedankenkarussell kreisen lassen und kam zu dem Entschluss, dass alle, die eins mit sich sind, die sich über eine

Fahrt in einer überfüllten S-Bahn freuen, die Weihnachten und Silvester ohne Wenn und Aber geil finden und immer wissen, was sie wollen, eigentlich die Kranken sind. Es hat sich nur noch keiner einen Namen dafür ausgedacht. Denn nur mit Namen gibt's was Handfestes und erst so macht es sich gut für eine Ausrede oder ein Buch oder Mitleid. „Sorry, ich bin neben der Spur und nerve alle, weil ich krank bin *(also gut drauf)*, sogar so, dass ich alle anderen runterziehe. Und die Krankheit gibt es, ich kenne einige, die die haben.

Wie dem auch sei, es ist doch völlig okay sich gut oder scheiße zu fühlen, zumindest zeitweise. Denn krank sind wir ja alle irgendwie - viele immer, manche teilweise und das macht es manchmal auch interessant. Man stelle sich vor, jeder ist gut drauf und schreit es hinaus, dann wäre die Welt noch viel viel mehr ein Platz, den man lieber meiden sollte. Und ein wenig scheiße fühlen hat auch noch niemandem geschadet.

In meinem Zug Richtung erste Lesung steigen mehr und mehr Oktoberfest-Fans ein. Stockbesoffen und mit heraushängenden Titten stürzen sie und stinken sie den Gang entlang.

Mehr Kind als jugendlich oder irgendwas sonst springen sie auf jeden Zug auf. Dennoch beneide ich sie, denn sie machen sich sicher keine Gedanken wie ich gerade. Immerhin, in drei Stunden bin ich auch gut angeheitert, hoffe ich.

Der Zug hat etwas Verspätung, was soll's, mehr Zeit um die Texte vorzubereiten und meine eigenen Käsefüße zu riechen. Andi Fuchs wird heute Abend ebenfalls seine Comics *(mit PowerPoint)* präsentieren und die Homeyfraktion liest Interviews. Klingt nach einem lustigen Abend mit mir als Kontrastprogramm.

Die letzten drei Tage hatte ich vergebens versucht mich vorzubereiten.

Es lief dann aber doch ganz gut, zumindest bemerkte niemand, dass es meine erste Lesung war.

Auf zur nächsten Lesung, während im ganzen Land das Oktoberfestfieber ausgebrochen ist.

Und wer ist wieder am Start: zu enge Dirndl und so tiefe Dekolletés, so tief, dass es einem schwindlig wird. War mir nie bewusst, dass es in jedem Kaff ein Oktoberfest gibt. Seit wann ist das so?

Die zweite Lesung war wie zu erwarten nicht so gut. Gut, dass der Veranstalter ein guter Freund ist. So feierten wir die ganze Nacht. Er, weil er gut feiern kann und ich, damit ich die Lesung vergesse und den größten Scheiß aller Zeiten:

Ich signierte ein Buch und schrieb den Namen falsch! DEN NAMEN!!! Oh Jesus, was bin ich für ein Trottel. Ich lief rot an und wollte nur noch weg. Sie hat das Buch mitgenommen, ich konnte sie nicht davon abhalten. Die Scham wird auf ewig sichtbar sein und auf mir lasten.

Megabesoffen und grölend inmitten eines Oktoberfestes wäre mir das nicht passiert.

Winterstarre

Im Winter geht alles langsamer vonstatten,
die Glieder sind steif,
der Nacken eingezogen,
die Lust sich zu bewegen
gehemmt,
der Kopf ist das Einzige,
das kühl bleibt.
Mehr oder weniger.

Meine ganze Aufmerksamkeit
fließt in die Kleine,
die jetzt schon 13 Monate alt ist,
in dieses Buch,
und in die Verarbeitung der Tatsache,
dass ich nichts gegen die Verblendung
der Menschheit unternehmen kann.

Deutschlandradio: Nestle kauft weltweit alle
Wasserrechte auf, Aluminiumsalze im Deo
könnten Alzheimer auslösen,
im Blutkreislauf von Eisbären und jedem
einzelnen Lebewesen in den Ozeanen

sind Weichmacher und Hormone
unseres Verhütungsmittels Nummer eins.
Industriell hergestellte Milch kann
Brust-, Prostata- und Darmkrebs verursachen
(okay - dafür ist Kaffee wieder rehabilitiert)
und tonnenweise Bomben auf Kinder und
Krankenhäuser, aber NUR Schutzsuchende
sind hingegen schuld an der miesen Laune
vieler und die Zielscheibe derer, die Anstand
und Menschlichkeit als eine Erfindung der
Presse deklarieren.
Wir sollten uns echten Problemen
zuwenden.

Wie das Problem mit dem
verschissenen Müllbeutel,
der beim rausholen
immer an dem verkackten Eimerhenkel
hängen bleibt.

Sagte die Sanduhr

Da im Regal, da liegen sie, die zwei, drei schlecht ausgedruckten Drogeriemarktbilder. Auf der Festplatte schlummern Tausende. An der Wand hängen vielleicht ein oder zwei Bilder und im Kopf? Da kann man die letzten vier Urlaubsziele gerade so aufzählen, ohne ins Stocken zu geraten. Wenn überhaupt.

Die Arbeit wartet, die Pläne der Chefs gehen wie immer selten bis gar nicht auf, aber nichts passiert. Jahre vergehen und nichts verändert sich und keiner merkt es.

Ein Haus auf einem Berg, ein einsames Licht im Dunkeln, einer, der sich zurückzieht, sich dem ganzen Scheiß, der im Tal passiert, entzieht. Der macht es richtig. Ich habe mich schon oft gefragt, wie man so leben kann. Mittlerweile verstehe ich, was ich früher nur ahnte.

Warte doch einfach ab, warte bis die Sache sich von alleine erledigt oder in Vergessenheit geraten ist.

Schreibsucht. Öl ins Feuer. Ein Songtext, der lautet: „Ich sing und spiel und nehme Platten auf, weil Platten das Einzige sind, das von mir übrig bleibt." Hat Jahrzehnte gedauert bis mir das klar wurde.

Da im Regal stehen sie, die Schallplatten. Jahre der Arbeit, arschteuer in der Produktion und kein Schwanz interessiert sich in Wahrheit dafür. Zeitverschwendung?

„Was ist keine Zeitverschwendung?" sagte die Sanduhr
zum Sand
und rief hinterher
„Mach was draus!"

Und weg war er.

ESSAY ODER STIRB

Frank Nihil

92 Seiten, 46 Texte

Mein Kopf dreht sich, mein Rücken und die rechte Schulter schmerzen. Hoffentlich habe ich bald alles zusammen und kann einen Haken darunter setzen. Die Bar wird sich freuen, wenn ich wieder mehr Zeit dort verbringe und ich mich auch. Aber so weit sind wir noch nicht. Zu allererst, was soll das Ganze? Ich habe keinen Plan, keine Ahnung, keine Ambition. Das Leben ist und bleibt für mich ein komplizierter Haufen, der sich immer selbst im Weg liegt.